우리의 삶은
어쩌면 NLP

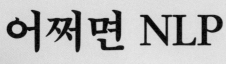

우리의 삶은

어쩌면 NLP

오영미 ┃ 이유정 ┃ 이현수 ┃ 최해정 ┃ 백상현 ┃ 김수빈 ┃ 한대경

김윤석 ┃ 최하나 ┃ 이상현 ┃ 주종욱 ┃ 정재원 ┃ 박형근 ┃ 주수연

만약 여러분이 NLP에 대해 배우는 것에 관심이 있지만 어디서부터 시작해야 할지 모른다면, 『우리의 삶은 어쩌면 NLP』는 여러분에게 완벽한 가이드북입니다. 아주대 경영대학원에서 NLP 코칭 교육을 받은 학생들이 쓴 이 책은 NLP의 기본 원리와 코칭에 적용 기법 등을 쉽고 흥미롭게 소개하고 있습니다.

이 책은 집필진에 참여한 학생들이 저마다 공부한 소감을 밝히며, 코칭과 NLP 공부를 하게 된 계기, 그로부터 얻은 유익을 설명합니다. NLP가 무엇이고 NLP가 어떻게 개발되었는지, NLP를 뒷받침하는 핵심 개념들에 어떤 것이 있는지 초보자들도 쉽게 이해할 수 있도록 구성되어 있습니다. 더 나아가 언어와 의사소통이 우리의 생각과 행동에 어떤 영향을 미치는지, 어떻게 NLP 기법을 사용하여 내적 대화방식을 바꾸고 목표를 달성할 수 있는지 등 NLP의 작동 메커니즘을 구체적으로 제시합니다.

또한, 단순히 이론적 개념을 제시하는 것이 아니라 NLP를 통해 의사소통을 강화한 관계를 구축하고 개인과 조직의 긍정적인 변화를 촉진하는 방법에 대한 수많은 예를 제공합니다. 이것으로써 그들은 일상생활에 NLP 코칭을 통합하기 위한 팁과 전략 그리고 구성원과의 강한 관계 구축이라는 목표 달성 과정과 방법을 공유하기도 합니다.

이 책에는 저자들이 NLP를 배우고 적용한 경험과 그 과정에서 얻은 성찰도 포함되어 있습니다. 이런 점 때문에 이 책을 읽다 보면 초보 코치들의 좌충우돌하는 인간미를 느낄 수 있고 좀 더 친근하고 매력적인 문장들을 많이 볼 수 있습니다.

NLP 코칭의 혜택을 받은 사람으로서, 저는 의사소통 능력을 향상해 더 강한 관계 형성과 목표를 달성하고자 하는 사람들에게 이 책을 강력히 추천합니다. NLP를 처음 접하는 사람이든, 경험이 있는 사람이든, 이 책을 통해 NLP를 일상생활에 통합하기 위한 귀중한 통찰력과 전략을 배울 수 있을 것입니다.

– 아주대학교 前 경영대학원장 박호환 교수

인간은 근원적으로 불완전한 존재이고 항상 불안하고 더 나은 행복을 추구하며 성장하기 위해 노력한다. 이와 더불어, 팬데믹 이후 급변한 시대적 환경 변화는 개인의 변화에 대한 갈망을 더욱 촉진시켰다. 이러한 변화에 주목한 아주대학교 경영대학원 학생들은 자신들이 공부한 코칭을 토대로 이 책을 펴냈다. 그들은 자아를 찾아가고 가치를 정립하는 과정을 친구에게 경험담을 들려주듯 개인의 경험에 녹여내어 재치있는 문체로 엮어내었다.

이 책을 들고 부담스럽지 않게 페이지를 넘기며 읽다 보면 상황은 다르지만 나와 비슷한 성장의 고민을 하던 친구들이 발전하는 과정을 엿볼 수 있다. 그 과정에 있어 신념이 어떤 역할을 하였는지 어떤 노력을 통해 발전하였는지를 이해하게 된다면, 본인을 성장시키는 방향성을 찾는 데도 큰 도움을 줄 것이라 믿는다. 자신의 정체성을 찾는 나침반 역할을 할 수 있는 이 책을 주변의 모두에게 추천하고자 한다. 마지막으로, 재학 중 출판의 결실을 맺은 학생들에게 축하를 전한다.

- 아주대학교 現 경영대학원장 성민제 교수

처음 간 숲에서 길을 잃었을 때, 흐릿하더라도 오솔길을 만난다면 그 반가움은 이로 말할 수 없을 것이다. 누군가의 흔적이 그렇게 반갑기는 흔치 않다. 이들이 『어쩌다 코칭』이라는 첫 책을 준비하며 길을 헤매던 기억이 문득 떠오른다. 그 이후 이렇게 새 책을 다시 출간할 생각을 하다니. 이전에 헤맸던 기억이 이제는 행복했던 기억이 되었거나, 아니면 첫 번째 길에서의 긴장감이 설렘이었다고 착각(?)한 듯하다. 무엇이 이유가 되었든, 나는 이들의 책을 다시 손에 들 수 있게 되어 반갑기만 하다.

이 책은 "어서 와 NLP는 처음이지?!"라고 말하며, 숲길에 들어선 초보들에게 행복한 마음을 전하고 있다. 어떤 길이든 함께 가면 힘이 되고 멀리 갈 수 있다는 경험을 또렷한 오솔길로 만들어내 기꺼이 길라잡이가 되었다. 어쩌다 코치가 된 이들이 이번 책에서도 '숲 해설가'가 되어 다시 소중한 경험을 날것 그대로 담아냈다. 그래서 더 흥미롭다. 이제는 우연을 가장한 필연이 스스로를 멋진 '코치'로 만들고 있다.

– 아주대학교 김동기 교수

끊임없이 의미를 부여하고 가치를 덧붙이는 것이 인간의 특성이다. 어린 왕자에게 장미가 소중한 것은 장미에게 쏟은 시간 때문인 것처럼, 우리는 자신의 삶에서 벌어지는 모든 사건을 그냥 아무 일도 아닌 우연으로 흘려보내는 것을 본능적으로 아쉬워한다. 우리는 모두 각자의 세상의 작가이며 연출가이자 주인공이라는 관점에서 본다면 삶에서 일어나는 일은 헛된 것이 하나도 없을 것이다. 물론 비트켄슈타인 같은 천재 철학자는 이러한 생각을 관념에 빠진 비논리적 사고라 질타하며 그저 세상에서 일어나는 모든 것은 'by accident! 우연일 뿐이다!'라고 선언한다. 분석철학가의 완벽한 논리를 따라가다 보면 도저히 그의 주장을 수긍하지 않을 방도가 없다.

허나, 논리를 천명으로 아는 머리와는 달리 우리는 결코 천재의 논리에 마음의 문까지 열어주지 않는다. 삶에서 일어나는 대부분의 기억은 감정이 담긴 사건들이며, 우리는 그 감정기억을 기호와 상징이라는 타투로 영혼에 새긴다. 그렇게 새겨진 감정들은 논리를 넘어 사건과 대상에 의미를 부여하는 행위로 이어지고, 이는 우리가 살아가는 데 힘을 주기도 한다.

저자들의 첫 책 『어쩌다 코칭』을 재미있게 읽었었다. 정말 어쩌다가 코칭을 만나 책까지 쓰게 된 것일까? 책을 읽는 내내 의문이 들었다. 그리고 20년 전이던 2003년, 한국코치협회를 만들기 위해 창립멤버로 분주했던 과거의 기억이 떠올랐다. '그러게, 나는 어쩌다 코칭을…'이라고 회상하던 차에 『어쩌다 코칭』을 저술한 저자들을 만난 것이다.

나는 이 저자들과의 만남을 '어쩌다 만난' 우연이 아니라고 믿는다. 이유인즉슨, 저자들은 나와 함께 공부한 제자이고 동지이자 도반이라는 역할 나눔을 넘어선 인연으로 단단히 묶여있기 때문이다. 그들과 함께 더 큰 의식의 성장을 위해 가장 소중한 자원인 '두 번 다시 돌아오지 않는 시간'을 공유했고, 지금까지도 나의 생명 에너지를 갈아 나누고 있기에 이 만남은 필연이라 여긴다.

그래서 이제는 조금 더 굳건히 믿어보려고 한다. 시작은 '어쩌다'일지도 모르지만 NLP를 통해 만들어간 과정, 즉 우리가 교류하고 하나 되어 더 큰 세상을 향해 의식 수준을 키워 나가는 동학의 길은 '운명적 만남'이라고 믿을 것이다.

어쩌다 추천사까지 쓰게 되었는지 알 길은 없다. 이젠 모든 우연조차도 하늘의 큰 계획이라 생각하게 되니… 그저 시절 인연에 감사하며, NLP 공부를 통한 자신만의 통찰을 나눠주신 저자들께 고개 숙여 인사드리는 것을 추천사로 대신한다.

저자들이 NLP라는 몸과 마음을 사용하는 도구를 공부하며 성찰한 자신들의 이야기를 진솔하게 기술하고 있는 이 책은 NLP와 코칭을 통해 어떻게 마음을 키워가고 있는지를 보여줌으로써 많은 이들에게 잔잔한 공감을 주리라 기대한다. 독자들께서 **어쩌다** 이 책을 손에 쥐고 이 글을 읽고 있는지 모르나, 이 책을 만난 것이 **어쩌면** 여러분들 삶의 새로운 터닝포인트가 될지 모른다. 즐거운 여정 되시라!

– 아주대학교 이성엽 교수, 글로벌미래교육원 원장

『어쩌다 코칭』이 출판된 지 어느새 1년이 지났습니다. 지난번 책이 어쩌다 코치들의 재미있는 이벤트였다면, 이번『우리의 삶은 어쩌면 NLP』는 조금은 특별한 의미와 목적이 있었으면 하는 마음, 뭐랄까 이 책의 쓸모에 대하여 생각하게 됩니다.

우리는 왜 굳이 책이라는 형태로 글을 남기고 싶었을까? 여기에 모인 저자 모두는 NLP에 참여하며 잠시 멈춤을 경험하고 새로운 나를 마주하는 독특한 여행을 하였습니다.

2020년 '코칭'이라는 방향으로 같은 산을 올랐다면, NLP에 참여한 이후의 우리는 각자의 위치에서 또 다른 꿈을 꾸며 자신만의 이유와 속도로 새로운 정비를 합니다.

가끔 인간이 우주와 닮았다고 느낍니다. 무한한 가능성을 지닌 존재이고 그러한 이유로 우주 또는 인간을 탐구한다는 것은 끝없는 도전이며 완전한 이해란, 즉 정복하기란 불가능한 미래라고 여겨지기 때문입니다.

그런데 인간은 우주와 다릅니다. 절대 실수하지 않는 우주와 달리, 우리는 매번 실수하고 유한한 삶 속에 한정된 실존으로 부유하는 까닭입니다.

내 마음 하나를 제대로 이해하고자 수많은 성찰을 나눴던 우리의 순간들이 떠오릅니다. 내 마음을 내 뜻대로 잘 쓸 방법에 대하여 우리는 여전히 배워가고 있습니다.

이 책의 쓸모를 다시 생각해봅니다. 오스카 와일드는 "쓸모없는 것을 만들었을 때 그에 대한 유일한 변명은 그것을 지독하게 좋아한다고 말하는 것"이라고 했습니다.

그런 것 같습니다. 우리는 NLP를 통해 '나'를 이해하는 과정을 좋아했고, '우리'라는 이름으로 함께하는 창작의 과정을 좋아했습니다. 이제는 누군가와 글이라는 매개를 통해서 긍정적이고 아름다운 또는 따뜻한 느낌을 나눌 수 있으면 좋겠습니다. 이 책의 쓸모, 우리의 기록과 공유의 이유는 이렇게 설명될 수 있을 것 같습니다.

어느 때보다 삶과 죽음이 맞닿아 있다는 것을 실감한 한 해가 저

물어 갑니다. 특별히 잘한 것 없이 선물처럼 얻은 하루를 어떤 마음과 말과 행동으로 채우면 좋을까 돌아봅니다. 모든 것에 대한 연민을 느끼며 보편적인 사랑을 나누는 순간이 조금씩 많아지는 하루이기를 바라봅니다.

몸과 마음과 정신은 하나라는 NLP 전제가 있습니다. 이 글이 닿는 모두의 온전한 건강과 평온을 기원합니다. 감사합니다.

2023년 4월 공저자 일동

- 사람의 모든 행동은 내적인 변화에 대한 정보이다.
- 문제가 있다는 것은 기회를 가지는 것이다.
- 제한을 느끼는 것은 가능성을 알려주는 것이다.
- 모른다는 것은 정보를 얻는 금광이다.
- 인간의 모든 행동은 그때 상황에 맞춰 배워진 것이다.
- 감정의 경험은 구조가 있어서 구조가 바뀌면 경험도 바뀔 수 있다.
- 조직체의 국부(부문)에서 일어나는 일은 조직 전체에 영향을 미친다.
- 인간의 복잡한 행동은 자르고 조각을 내봄으로써 최선의 배움이 이루어진다.
- 실수는 배울 기회를 제공해준다.
- 실패는 피드백이다.
- 사람은 누구나 자기가 필요한 모든 자원을 가지고 있다.
- 어느 누군가 할 수 있다는 것은 다른 어떤 사람도 할 수 있다는 것이다.
- 선택이 있는 것은 선택이 없는 것보다 우수하다.
- 사람은 어떤 환경이나 어떤 상황에서나 최선의 것을 선택한다.
- 행복은 우리가 만나는 사람들에 의해 결정된다.
- 아무도 망가진 사람은 없다.
- 융통성은 선택을 더 많이 가지게 되고, 선택을 더 많이 가지는 것은 컨트롤을 더 많이 할 수 있게 된다.
- 의사소통은 언제나 어디서나, 의식/무의식에서 일어난다.

- 저항은 리더(코치, 상담가, 교사)의 융통성 없음을 반영하는 것이다.
- 관심이 가는 곳에 에너지가 흐르고, 에너지가 흐르는 곳에 내 인생이 간다.
- 자신에게 취한 사람은 타인의 심장박동 소리를 듣지 못한다.
- 모든 인간의 행동은 긍정적인 의도가 있다.
- 인간의 내적인 상태와 외적인 환경은 시각, 청각, 촉각, 미각, 후각을 통해 나타난다.
- 사람은 언제나 변할 수 있다.
- 내가 가진 내적인 지도는 영토가 아니다. 그린 지도는 그림일 뿐이다.
- 항시 하는 것만 하는 사람은 얻는 것만 얻는 사람이다.
- 홀로 설 수 없다면 둘이서도 함께 설 수 없다.
- 발효가 되지 않은 빵은 제대로 부풀지 않는다.
- 인간의 무의식은 신뢰성이 있다.
- 뇌는 동시에 여러 정보를 받아들이지 못한다.
- 불안에서 도망칠수록 불안은 깊이 파고든다.
- 정신과 몸과 마음은 하나다.
- 자신의 세계에 갇혀 있다면 타인의 세계에 들어갈 수 없다.
- 풍향은 못 바꾸지만 돛을 조정할 수는 있다.
- 이 세상은 하나의 시스템이며, 시스템 안의 모든 것은 서로 영향을 주고받는다.
- 진정한 사랑은 주고받는 것을 계산하지 않는다.
- 낙관적으로 생각하면 낙관적으로 살게 된다.
- 용기란 두려움이 없는 게 아니라 두려움을 견디는 것이다.
- 나에게 정직하지 못하면 남에게도 정직할 수 없다.
- 길이 하나라고 여기면 모든 길이 막다른 골목이다.
- 삶이 지독하게 불행하지 않다면 당신은 충분히 행운아다.

- 자신만의 진리에 갇힌 사람은 평생 진리를 보지 못한다.
- 뇌는 참과 거짓을 구분하지 못한다.
- 뇌는 긍정문에만 반응하고 부정문은 받아들이지 않는다.
- 언어엔 창조의 힘이 있다.
- 나는 이미 온전하며, 사람은 이미 완벽하게 기능하고 있다.

Contents

1장

오영미

상상한 대로 이루어진다

독자 여러분! 혹시 NLP가 무엇인지 알고 계신가요? 이 책을 쓴 사람들은 어떤 사람들이며, 무슨 이유로 이 책을 썼는지, 글을 통해 무엇을 말하고자 하는지 등등 여러 가지 궁금증이 생길 것입니다.

저는 지극히 일반적인 보통 사람으로, 누구보다 평범한 삶을 살아오면서 쉽게 바뀌지 않을 것 같았던 저의 생각들이 어떤 시점에 어떤 계기로 바뀌게 되어 현재의 삶을 살고 있는지 여러분께 들려드리고 싶어 컴퓨터 앞에 마주 앉았습니다. 편안한 마음으로 책을 읽어주시길 부탁드리고, 제가 쓴 내용이 여러분께 조금이라도 동기부여가 된다면 좋겠습니다.

누군가 여러분께 "당신은 지금 얼마나 행복한가요? 그리고 당신은 지금 얼마나 즐거운가요?"라고 묻는다면 여러분은 과연 어떻게 대답할까요?

누가 저에게 이렇게 묻는다면 "저는 지금 너무 행복합니다"라는 답을 할 것 같습니다. 또한, "무엇이 당신을 그렇게 행복하게 했나요?"라고 묻는다면 저는 "제 마음입니다"라고 1초의 고민도 없이 말할 수 있습니다.

저는 항상 "난 행복한 삶을 살 거야", "난 즐거운 인생을 살 거야"라고 생각합니다. 그래서인지 그 어떤 어려운 상황과 힘든 고난도 결국에는 저를 행복과 즐거운 길로 인도해주었습니다. 하지만 생각만으로 제가 원하는 결과가 모두 이루어졌을까요? 절대로 그렇지 않습니다.

많은 심리학자들과 큰 성공을 이뤄낸 분들이 쓴 책을 읽어보면, "상상해라! 그러면 상상한 대로 이루어진다"라는 식의 글귀를 쉽게 접할 수 있습니다. 물론 생각하고 상상하는 게 먼저이긴 하지만, 행동으로 옮겨야만 결과가 나온다는 것은 누구나 다 아는 사실일 거라 봅니다.

"그럼 당신은 무엇을 어떻게 행동으로 옮겼기에 행복하다고 느끼고 매일 즐겁게 사느냐?"라는 질문을 하실 것 같은데요. 물론 저도 여러분만큼이나 힘든 일, 부정적인 일을 많이 겪고 있지만 다른 점을 꼽자면, 타인과 비교되는 행복이 아닌 '과거의 나보다 좀 더 행복할 거야'라는 긍정적인 생각을 통해 긍정과 부정의 내적 전쟁을 이겨내고, 생각을 행동으로 옮기기 위해 실천하고 있다는 것입니다. 조금 어려운가요? 한 마디로 상상하고 생각한 것을 행동으로 옮겼다는 뜻입니다.

그렇다면 제가 처음부터 그렇게 행동했을까요? 아니요! 저는 NLP 공부를 통해서 어느 정도는 잘살고 있었다는 것을 처음 알아차렸고 앞으로 어떻게 살아가야 할지에 대해 배우게 되었습니다.

그럼 NLP란 무엇일까요? 이미 수많은 전문가분들께서 NLP에 대해 정확한 사전적 정의를 해주셨으니 사전적 정의가 아닌 제가 생각하는 바를 말씀드리고 싶습니다. NLP는 저에게 '오늘이 제일 행복한 날'이라는 생각을 하고 살 수 있는 계기를 제공해주었기 때문에 저는 NLP를 '인생과 삶을 대하는 태도를 바꾸는 도구', 다시 말해서 '알아차리는 것'이라고 표현하고 싶습니다. 또한, 무의식 속에서 그냥 해온 것을 의식적으로 분석하고 깨닫는 과정이라고 표현해도 나쁘지 않을 것 같습니다.

의식 밖에서 일어나는 일을 무의식이라고 합니다. 우리가 알지 못하는 무의식, NLP는 그 무의식을 다룹니다. 원래 인간의 참모습은 무의식에서 나온다고 합니다. 무의식상태에서 의식화하는 것을 알아차림이 작동한다고 합니다. 다른 말로 말하면 도를 닦는다고 할 수 있습니다. 알아차리면 자기 자신을 알게 되고 자기 자신을 아는 것은 엄청 대단한 것입니다. (아주대 이성엽 교수님)

NLP에는 '……그렇다 치고'라는 마인드를 깔고 가는 전제들이 있습니다. 저의 경험을 통해 감히 말씀드린다면 이 전제들을 자신의 삶에 긍정적으로 잘 적용한다면 분명 자신이 원하는 삶을 살 수 있다는 것입니다. 지금부터 제 삶에 적용했던 몇 가지 전제와 그 전제로 인해서 바뀐 저의 삶에 관해 이야기해보고자 합니다.

✦ 풍향은 못 바꾸지만
돛을 조정할 수는 있다

먼저 저를 간단하게 소개한다면, 저는 함경북도에서 태어나 20살 나이에 두만강을 건너온 북한이탈주민(탈북민)입니다. 2019년 아주대 경영대학원 경영학과에 탈북민 전형으로 입학하여 감사하게도 등록금을 지원받아 코칭이라는 생소한 과목을 공부하게 되었습니다.

여러분은 '탈북민'이라는 단어를 보는 순간 무엇부터 떠오르시나요? 사람마다 다르겠지만 제가 겪어본 바로는 크게 두 가지 반응이 있었습니다.

하나는 '북한을 탈출한 사람들이 한국에서 정착하기 어렵겠다'는 조금은 걱정이 담긴 반응이었습니다. 물론입니다. 정착하기가 쉽지만은 않습니다. 스스로 열심히 살아왔다고 자부하지만 아주대 경영대학원에 탈북민 전형 장학금 혜택이 없었다면 아마도 지금 이 글을 쓰고 있지 못했을 것입니다. 너무나 감사한 일이 아닐 수 없습니다.

또 다른 하나는 '목숨 걸고 여기까지 왔으니 여기서도 열심히 잘 살 수 있겠다'는 아주 긍정적인 반응이었습니다. 걱정해주는 반응도 대단하다고 칭찬해주는 반응도 저는 너무 감사한 마음이 들었습니다. 현재 힘들게 살아가고 있는 저를 인정해주는 것 같고 그 어려운 환경 속에서도 잘해낼 수 있다는 긍정에너지를 보내주신다고 생각했기 때문입니다.

한편 그때 저의 내면에서는 어떤 무의식이 작동하고 있었을까요? '그래, 나는 목숨 걸고 두만강을 건너 여기까지 왔으니 못할 게 없다'고 생각했을까요? 물론 지금은 그렇게 생각하지만 NLP를 접하기 전에는 전혀 그렇게 생각하지 않았습니다. 저는 한국분들에 비해 공부도 못했고 아는 것도 부족하고 할 수 있는 게 별로 없다 보니 그냥 몸이라도 힘들게 계속 움직이는 길이 살 길이라 생각하고 살았습니다. 제가 몸이 힘들다는 이유로 내가 탈북민이라는 사실을 바꿀 수 있을까요?

나 스스로 아는 게 없고 너무나 많이 부족하다고 해서 그걸 채우기 위해 다시 과거로 돌아갈 수 있을까요? 아닙니다. 하지만 알아차릴 수는 있었습니다. 비록 북한에서 태어난 운명을 바꿀 수는 없지만 지금 현재 대한민국에서 살고 있는 나는 앞으로 나의 운명을 스스로 바꿀 수 있다는 것, 북한의 열악한 환경 속에서 먹고 입고 쓰는 인간의 기본적인 욕구를 채우는 것에만 신경 쓰느라 공부를 못했지만 지금은 얼마든지 공부할 수 있다는 것을….

그리고 저는 여기서 또 하나 깨달은 것이 있었습니다. 과연 내가 '북한에서 먹고 입고 쓰는 것이 부족해서 공부를 하지 않았던 것일까?' 가만히 생각해보면 그렇지 않습니다. 그런 환경이 전혀 영향을 미치지 않은 건 아니지만, 제 마음속에 배우려는 의지가 약했고 배워야 하는 필요성을 느끼지 못했기 때문입니다. 지금도 이 글을 쓰면서 마음속에서 울컥하는 느낌이 듭니다. '이런 부분을 깨닫지 못했다면 지금 나의 모습은 어떠했을까?'라는 생각에 조금이라도 일찍, 아주 작은 것이라도 깨닫고 삶의 돛을 조정할 수 있다는 것이 너무나 감사해서 심장이 두근두근하고 뜨거운 눈물이 올라옵니다.

✦ 낙관적으로 생각하면 낙관적으로 살게 된다

저는 늘 스스로 부족하다고 생각하고 살아왔습니다. 북한에서 태어난 탈북민들 속에서도 저는 늘 그들보다 배운 것이 부족하다고 생각하면서 살았습니다. 겉으로 보기에는 내가 잘난 것 같지만 그들과의 대화를 들어보면 모두 하나같이 대단해 보이고 멋있었습니다. 같은 환경에서 태어나서 자랐음에도 불구하고 '그들은 어떻게 나보다 더 생각이 앞섰고 행동도 먼저 할 수 있었을까?' 하는 생각을 많이 하면서 살아왔던 것 같습니다.

저는 한 산골 농촌에서 살았고 배운 건 농사짓는 것밖에 없었습니다. 대한민국과 달리 사회주의, 공산주의를 선호하는 북한에서 당원도 아니면서도 당에서 하라면 무조건 해야 한다는 복종 의식을 가지고 살아왔기에 한국 드라마를 보지 말라고 하면 보지 않았고, 굶어도 일하라고 하면 일을 했고, 하루 계획을 다 해야 한다고 하면 밭에서 쓰러지더라도 끝내야 잠을 자고 하는 조금 미련한 구석이 참 많은 사람이었습니다.

저는 이런 이야기를 많이 들으며 자라왔던 것 같습니다. "똑똑한 사람은 남들이 하나 할 때 둘을 생각할 줄 알아야 하고 둘을 생각하면 셋을 생각하는 게 아니라 넷을 생각해야 해." 그런데 저는 남들이 하나 할 때 둘을 생각하는 방법이 무엇인지 몰랐고 (지금도 잘 모릅니다.) 남들이 둘을 생각할 때 셋은 고사하고 하나를 겨우 생각하는 정도라고 자신을 하찮게 생각했습니다. 물론 이것 또한 한국에 와서야 알아차렸고 북한에서는 이것조차 모르고 그냥 아무 생각 없이 배고픔을 달래는 것만 생각하고 살았다는 것을 알았습니다.

하지만 재미있는 일은 저의 생각을 바꾸고 나서부터 일어났습니다. 북한에서의 삶은 제가 부족하거나 미련해서 그런 게 아니라 제가 원래 그런 사람이었기 때문이었습니다. 한국에서 13년째 살고 있는데 지난 세월을 뒤돌아보니 북한에서 가지고 살았던 근성이 오늘의 저를 있게 해주었구나 싶었고 그때부터 저 자신이 대견스럽게 느껴졌습니다. 아직 갈 길은 멀지만 제가 살아온 모든 환경이 그냥 힘들고 치진 과정이 아닌, 그 과정에서 배우고 느끼고 깨달은 것들로 인하여 내 미래의 삶이 바뀐다고 생각하니 모든 경험이 소중하게 생각되었습니다.

여러분은 어떤 경험을 가지고 있나요? 그 경험 속에 혹시 비관적인 경험이 있다면 그것을 낙관적으로 바꾸어 보시면 어떨까요? 아마도 저와 똑같은 결과를 얻으실 수 있을 거라고 장담합니다.

✦ 용기란 두려움이 없는 게 아니라 두려움을 견디는 것이다

제가 참 좋아하는 전제입니다. 여러분께 있어서 용기란 무엇인가요? 고향에 있을 때 저에게 있어서 용기란 국가와 민족을 위하여 자신의 목숨도 서슴없이 바치는 영웅들의 모습이었습니다. 하지만 지금은 스스로 해낼 수 없다고 생각한 아주 작은 일들을 해내는 과정이라고 생각합니다. 그동안 해보지 않았던 새로운 경험들을 하나 둘 해보면서 두려움을 견디고 이겨낸다는 것이 얼마나 큰 변화를 가져다주는지를 알게 되었고, 그 변화로 인하여 또 다른 두려움을 이겨내고 있는 저 자신을 발견하고 있는 시간들을 보내고 있습니다.

막연하게 무섭게만 생각했던 용기! 그 용기는 목숨을 버리는 것만이 아닌 삶의 만족도를 높이는 데 필요한 아주 작은 것들도 포함된 것임이 틀림이 없다는 것을, 그리고 그 두려움을 견디는 과정에서 배움이 일어나고 그 배움 속에서 깨달음이 있어야 조금 더 성숙한 존재로 거듭날 수 있다는 것을 알아차리면 된다는 것입니다. 그리고 그 과정을 계속해서 의식적으로 반복해보는 것입니다.

✦ 행복은 우리가 만나는 사람들에 의해 결정된다

어떤 사람을 만나는가에 따라 인생이 달라진다는 것을 대한민국에 와서 처음 느꼈습니다. 북한에 있을 때는 조직생활을 제대로 하지 못하는 사람을 불량배라고 합니다. 또한, 자신도 그런 물에 쉽게 젖어들 수 있으므로 이런 사람을 멀리하라고 교육합니다. 지금 생각해보면 그 불량배들이 자기 인생을 더 소중하게 생각했기에 즐겁게 살아가는 방식을 알아서 그렇게 조직의 말을 듣지 않고 자기 생각대로 행동하지 않았을까 하는 어이없는 생각이 들기도 합니다.

우리 탈북민들은 한국에 오면 국정원 조사를 거쳐 하나원이라는 교육기관으로 갑니다. 하나원에서 대한민국에 잘 정착할 수 있도록 초기 교육을 받을 때 선생님들은 늘 이런 말씀을 하셨습니다. "한국에 왔다고 해서 다 잘 사는 것은 아닙니다. 여러분들이 나가서 열심히 살아야 잘 살 수 있다는 것은 당연하지만, 어떤 사람들을 잘 만나는가에 따라 인생이 달라집니다. 그러니 사람을 잘 만나야 합니다." 그런데 저는 이 이야기를 듣고 오히려 사람들을 더 잘 만나지 못했습니다. 어떤 사람이 좋은 사람이고 어떤 사람이 나쁜 사람인지? 어떤 사람들을 만나야 잘 만났다고 생각할 수 있는지에 대한 판단이 서지 않았기 때문입니다. 그래서 늘 혼자 다니기 일쑤였고 거의 5년은 저 혼자 독립적으로 살아왔습니다.

하지만 지금은 대한민국 짬밥 12년! 이제는 나름의 판단 능력이 있는 사람으로 성장했다는 느낌이 듭니다. 다시 말해 '아! 이런 사람들이 나에게 좋은 영향을 주는 사람이고 이런 분들과 함께 라면 내 인생이 달라질 수 있겠구나'라는 것을 스스로 알아차릴 수 있는 단계에 있다는 것입니다. 북한보다 훨씬 발전된 대한민국에서 새롭게 시작한 지 13년, 어떻게 보면 13살 어린아이라고 해도 과언이 아니지만, 이런 제가 지금 접하는 것들은 새롭고 신기하고 모든 것이 감동이라 조금 건방져 보이더라도 넓은 마음으로 이해해주시면 감사하겠습니다.

제가 주변 사람들로 인해서 행복하다고 느끼게 된 시기는 사이버한국외국어대학에 입학하면서부터입니다. 아주대 경영대학원에 입학해서는 확신이 들었습니다. 이름도 얼굴도 모르는 수많은 사람들을 알아가는 과정에서 함께하는 분들 덕분에 행복하다는 느낌을 참 많이 받았습니다. 하나하나 설명하기에는 너무나 많은 이야기들이 있기에 다 설명하기에는 어려움이 있지만 자신 있게 말할 수 있는 부분은 아주대에서 만난 사람들로 인해 저의 인생과 삶이 달라졌다는 것입니다.

부모님에게서 느껴보지 못했던 또 다른 사랑을 느낄 수 있었고 어려운 환경에 처했을 때는 지쳐 쓰러지지 않도록 따뜻하게 손 내밀어 일어설 수 있게 해주던 동기들이 있어 힘을 낼 수 있었습니다. 무언가 자신 없어 할 때는 너도 잘할 수 있다는 긍정에너지를 듬뿍 보내주는 분들이 있었고 결국 잘해냈을 때는 마치 자기 일처럼 그렇게 함께 기뻐하고 축하해주었습니다. 이런 사람들 속에 있을 때 내가 숨 쉬고 있음을 느낄 수 있었고 이 세상에 나라는 존재가 살고 있다는 것을 실감하게 되었으며 이런 느낌을 받았다는 사실만으로도 저는 이미 성공한 삶을 살았다고 생각합니다.

그럼 아주대 입학하기 전에는 행복하다고 느끼지 않았을까요? 물론 그것도 아닙니다. 다만 무의식 속에서 행복하다 느껴도 의식적으로 그것을 알려고 하지 않았던 것 같습니다. 그러다 보니 그전에는 진정한 변화가 일어나지 않았던 것 같습니다.

진정한 변화에서 인간의 감정적 변화는 '슬프고 화나고 감동하는' 이런 역동이 있어 말로 표현할 수 없는 뭉클함이 올라와야 한다고 합니다. 아주대 경영대학원 재학 기간만이 아닌, 졸업한 지금 이 시점에서도 동기분들과 또한 함께 코칭 공부하는 코치님들과 계속 꾸준히 성장에 대한 이야기를 나누고 삶을 대하는 태도를 배우고 그 배운 것을 실상에서 잘 활용하고 있는 이 시간들이 너무나 행복하게 느껴집니다.

생각이라는 것은 마음을 대표합니다. 제가 NLP 수업을 들으면서 가장 마음에 와 닿았던 것 중 하나는 바로 생각은 마음을 대표한다는 것입니다. 생각은 행동을 낳고 행동은 습관을 낳고 습관은 운명을 낳는다는 이론은 누구나 다 알고 있다고 생각합니다. 저는 이 이론을 봤을 때 '그래, 생각이 중요하지. 우린 생각을 바꾸어야 해. 그럼 나는 어떤 생각을 해서 어떤 운명을 만들면 좋을까?'라는 아주 초보적인 생각을 했지만, NLP 수업을 통해서는 운명이 가장 중요하다는 깨달음도 있었습니다. 나의 운명이 중요하기 때문에 생각을 바꾸어야겠다고 생각하니 좀 더 신중하게 접근하게 되고 이전보다 더 구체적인 플랜을 짜는 습관을 조금씩 키우기 시작했습니다.

그리고 무의식과 의식, 순수의식에 대하여 꾸준히 생각합니다. 내가 알고 있는 것과 모르는 것은 무엇인지? 내가 믿는 것과 믿지 않는 것은 무엇인지? 내가 보는 것과 보지 못하는 것은 무엇인지?

지금 눈앞에 A4용지 한 장이 있다고 상상해보세요. 그리고 그 용지 안에 연필로 점을 하나 찍어보세요. 그리고 용지를 다시 한번 보세요. 무엇이 보이시나요?

저는 물론 제가 찍은 점을 먼저 보았습니다. 여러분은 무엇이 보이시나요? 저처럼 점이 보였나요? 아니면 다른 것이 보였나요? 저만 점이 보였는지는 모르겠지만 저는 손에 들고 있는 A4용지는 보이지 않고 제가 찍은 점만 보았답니다. 손에는 점보다도 훨씬 더 큰 종이를 들고 있었지만 저는 작은 점만 의식하고 있었던 것입니다.

그것을 깨닫는 순간 저는 큰 충격을 받았습니다. 비록 이건 수업 시간에 진행했던 아주 작은 실습일 뿐이었지만 이런 일들이 현실 속에서 얼마나 많이 일어날까 생각하니 내가 보지 못하는 것들이 더 많다는 것과 내가 알고 있는 것은 정말 빙산의 일각이라는 것이 피부로 와 닿았습니다. 지금은 내가 보지 못하는 것들은 무엇인지, 보여도 알아차리지 못하는 것은 무엇인지 부지런히 탐색하면서 살아가고 있습니다.

NLP는 저의 삶을 변화시켰습니다. 또한, NLP는 저의 생각을 바꾸었습니다. 슬픈 과거가 훌륭한 자원이 되어 오늘날의 제가 있도록 해주었고 미래의 더 멋진 저를 만들 수 있는 강력한 힘을 가질 수 있게 해주었습니다. 무엇보다도 지금 이 순간 너무 행복하다 느끼면서 살 수 있도록 해주었습니다. 앞으로 가는 길이 하나가 아닌 여러 가지 길이 있다 생각하게 되었고 팍팍하다고 생각했던 삶에서 벗어나 여유로움을 가지고 살 수 있게 되었습니다. 그러고 보니 생각이 얼마나 중요한가를 다시 한번 깨닫게 됩니다.

상상한 대로 이루어진다. 한국에 처음 도착했을 때 저는 26살이었습니다. 그때 저는 돈을 벌기 위해 아파트 건설현장에 일하러 1달 동안 다닌 적이 있습니다. 인테리어 끝난 아파트 단지에 들어가 싱크대 옷장, 신발장들에 다보(선반을 받쳐주는 못)를 끼우는 일과 새 가구들의 필름을 뜯어내는 작업을 했었습니다.

그때 저는 12평짜리 영구임대아파트에서 살았었기에 30, 40평 넘는 아파트에 들어가 작업을 진행하면서 나도 언젠가는 꼭 이런 아파트에서 살 거라고 다짐을 하곤 했습니다. 그런데 그 꿈이 한국 정착 만 12년 만에 이루어졌습니다. 불과 며칠 전에 저는 제가 살고 있는 곳에서 유명 브랜드 아파트를 분양받게 되어 꿈에도 그리던 집을 마련하게 되었습니다. 정말 상상한 대로 이루어진다는 것을 다시 한번 실감하는 요즘입니다.

또 하나는 NLP를 접한 이후 대한민국에서 나의 멋진 라이프를 위해 무엇을 하면 좋을까 꾸준히 생각했습니다. 그래서 작년에는 버킷 리스트를 작성해보면서 40세가 되기 전에 해야겠다고 생각했던 바디 프로필 촬영, 그리고 내 집 마련, 그다음은 세계여행 등등 목록을 정리해봤었습니다.

40세가 넘어가기 전에 도전하고 싶었던 바디 프로필 촬영! 그 생각을 하고 나서 딱 1년이 된 지금 그 꿈을 현실화시켰습니다. 우연히 찾아온 기회를 잘 잡아 운동을 하게 되었고 열심히 한 결과, 그 노력을 인정받아 '파워라인 식스팩' 200여 명 도전자 중에서 1등을 하여 바디 프로필 촬영권을 선물 받게 되었습니다.

제가 한 일들이지만 놀랄 때가 많습니다. 특별히 제가 잘해서 혹은 잘나서가 아닌 저 스스로 내면을 들여다봤을 때 저의 생각들이 그대로 하나하나 현실로 이루어지는 것을 보면서 생각이 얼마나 중요한 것인지에 한번 놀라고, 과거의 저라면 불가능했을 것 같은 이 모든 것들을 다 해내고 있고 그 모든 것이 내가 생각하고 상상했던 것부터 시작되었다는 것을 지금 알아차리고 있다는 것에 또 한번 놀라는 시간을 반복하면서 보내고 있습니다.

NLP라는 것을 접하고 물론 처음에는 힘든 시간도 많았습니다. 모르는 것이 너무나도 많았기에 저 자신을 알아가는 과정에서 우울증으로 성격상 나에게는 일어나지 않았을 것 같은 심리적인 불안과 고통의 시간도 있었고, 부족한 자신을 직면하는 그 시간이 얼마나 고통스러운지도 겪어보았습니다. 인정하고 싶지 않아도 인정해야 하는 부분이 있었지만, 그것을 인정하고 받아들이는 순간 저는 더 성장하고 있다는 것을 깨달았습니다.

이제는 그 어떤 상황이라도 받아들일 수 있는 준비가 되어 있는 것 같습니다. 고통이 지나면 반드시 좋은 날이 올 것이라는 확신도 들었고 모든 고통은 모든 좋은 날을 위해 겪어야 하는 과정이 틀림 없기에 앞으로 그 어떤 어려움과 고통도 더 멋진 훗날을 위해 통과 해야 하는 길이라는 것을 알고 있기에 즐겁게 받아들일 힘을 스스로 키웠다는 생각이 들 정도로 더욱 단단해져 있습니다.

'삶'이라는 한 글자를 생각만 해도 지금은 가슴이 너무너무 두근 거립니다. 앞으로 더 멋진 삶을 살 수 있다고 생각하기 때문에 벌써 기대가 된답니다.

여러분도 자신의 미래를 기대하며 살고 계신가요? 기대해보세 요! 그러면 마음속 깊은 곳에서 나도 모르는 에너지가 올라오는 것 을 경험하게 될 겁니다.

'남이 하는 것은 나도 할 수 있다'는 말이 있듯이 아무 경제력도, 아무 실력도 없이 대한민국에 정착한 탈북민인 저도 이 땅에서 행 복을 만끽하면서 살아가고 있습니다. 지금 혹시 삶이 지치고 힘들 다고 생각하고 있으시다면 제가 에너지를 듬뿍 보내드리겠습니다. 저를 떠올려 주시고 에너지 많이 받으셔서 힘내십시오. 지금의 고 통이 멀지 않은 훗날 감사함으로 돌아올 것입니다.

현재 충분히 행복한 삶을 살고 있다고 생각하는 분들도 있을 것입니다. 그렇다면 좋은 에너지를 저에게 보내주세요. 눈에 보이지는 않지만 저는 그 에너지를 충분히 느낄 수 있습니다. 보내주시는 에너지를 받아서 저는 더 멋진 삶으로 많은 분께 좋은 에너지 나눠 드리는 것으로 보답하겠습니다.

모든 것은 생각하기 나름이더라고요. 좋은 생각은 좋은 일이 일어나게 합니다. 여러분께 좋은 일만 가득하시길 바랍니다.

2장

이유정

의사소통은 언제나 어디서나
의식/무의식에서 일어난다

우리는 타인의 마음을 어떻게 살필 수 있을까? 혹은 지금 내 마음의 상태를 어떻게 확인해볼 수 있을까?

우리는 모두 언어를 통해 사고하고, 그 사고의 결과물을 다시 또 언어라는 매개체를 통해 밖으로 표현하며 살아간다. 우리가 무의식 중에 내뱉는 말들에는 나도 모르는 진짜 속마음이 담겨 있는 경우가 많다.

"나는 항상 이런 식이야", "내가 하는 일이 매번 그렇지 뭐…" 이런 말을 자주 하는 사람이라면 자신에 대해 어떤 셀프 이미지를 가지고 있을까? 아마 그는 자신을 패배자로 여기거나 자신의 능력에 대해 무력함을 느끼고 있을 가능성이 높다.

반대로 "나는 잘할 수 있어!", "모든 게 틀림없이 다 잘될 거야!" 이런 말을 자주 하는 사람이라면 자신에 대한 확신과 자신이 상황을 긍정적으로 바꿀 수 있다는 자신감을 갖고 있으리라 예상된다.

이처럼 언어를 통해 우리는 그 사람의 신념과 사고방식, 가치관을 유추해볼 수가 있다. 그러므로 언어를 살피는 것은 그 사람의 현재 생각과 감정을 확인할 수 있는 좋은 방법이 될 것이다. 그렇다면 우리는 이것을 어떻게 활용해볼 수 있을까? 다음의 질문에 답을 해보며 자신의 숨겨진 신념이나 욕구에 대해 한번 생각해보자.

◦ 내가 평소에 자주 쓰는 말은 무엇이 있는지 적어보자.

1. 일이 잘 안되면 어쩌지?
2. 나는 공부(일)를 못해.
3. 바꾸기엔 이미 너무 늦어버렸어.

◦ 그 말의 밑바탕에는 어떤 신념과 욕구가 있는지 찾아보자.

1. 잘하고 싶은데 잘 안 될까 봐 불안하고 걱정돼. 남들의 시선이 두려워.
2. 나에게는 공부(일)를 잘할 수 있는 능력이 없어.
3. 지금 아무리 애써봤자 결과는 바뀌지 않을 거야.

이처럼 평소 내가 무의식적으로 쓰는 말들을 잘 살펴보면 나 자신의 신념과 욕구, 가치관에 대해 알 수 있고, 이런 시간을 자주 갖을수록 나에 대해 더 잘 알게 되며 동시에 타인에 대한 이해도도 높아진다.

하지만 언어 외에도 우리가 상대의 마음을 살필 수 있는 단서들이 있다. 상대방의 눈동자 위치, 몸을 기울이는 각도, 팔짱을 낀 자세, 다리를 떠는 모습, 눈 밑이 떨리거나 눈썹을 치켜세우는 모습 등등 말이 아닌 상대방의 무의식적인 행동을 통해서도 우리는 상대방의 속마음을 알아차릴 수 있다.

위의 사진을 살펴보자. 언어적 단서가 하나도 없음에도 불구하고 우리는 이 소년이 현재 긍정적인 마음의 상태에 있는지, 아니면 부정적인 마음의 상태에 있는지를 쉽게 알아차릴 수 있다. 사회생활에 있어 중요하다고 여겨지는 '눈치'라는 단어가 바로 이러한 능력을 말한다고 볼 수 있다.

유명한 범죄 영화에서도 이러한 비언어적 단서들을 포착해 거짓말하는 범인을 극적으로 찾아내곤 하는 장면을 한 번쯤은 본 적이 있을 것이다. 우리는 평소 의식적이든 무의식적이든 항상 자신의 마음을 표현하며 살아가고 있으며, NLP에서는 바로 이러한 단서들을 배우고 활용할 수 있는 기법을 알려준다. 이런 기법들을 사용하여 말하지 않은 상대방의 마음을 유추할 수 있게 됨으로써 의사소통의 질을 높일 수 있고, 이를 통해 우리는 행복한 관계를 만들어나갈 수 있다.

상대방의 마음이 궁금한가? 그렇다면 NLP를 학습하고, 그 사람의 언어를 잘 살피며 행동을 잘 관찰해보자. 그러면 그 안에서 상대방의 마음을 알아차릴 수 있는 단서들을 발견할 수 있게 될 것이고, 거기서부터 의사소통은 시작된다고 할 수 있다.

✦ 언어엔
창조의 힘이 있다

언어는 자신의 능력과 감정을 제한하기도 하고, 확장하기도 하는 놀라운 기능이 있다. 어떤 화가 날 만한 상황이 있었다고 가정해보자.

> 1. 그런 일이 생기다니 나는 정말 너무 어이가 없고 화가 나서 참을 수가 없어!
> 2. 그런 일이 생기다니 조금 당황스럽고 속상하네.

두 문장을 비교해보자. 같은 상황일지라도 나의 감정을 어떻게 표현하는지에 따라 말하는 사람이 느끼는 감정의 크기가 달라질 수 있다. 언어는 이처럼 우리의 감정을 제한하기도 하고, 반대로 느껴지는 감정의 폭을 더 크게 만들기도 한다.

이러한 사실을 활용해 우리는 감정을 통제하거나 조절할 수도 있다. 감정의 기복이 심한 사람이라면 의도적으로 감정을 줄여서 표현해봄으로써 감정에 압도당하는 것을 피할 수 있다. 반대로 평소 감정을 잘 느끼지 못하는 무딘 사람이라면 감정에 대한 단어들을 공부해보고, 미세한 상황에 맞게 감정 단어를 구별해 사용해봄으로써 자신의 감정에 대해 조금 더 잘 알 수 있게 될 것이다.

다음은 우리가 참고해볼 만한 감정 단어 목록이다.

화나는	격분한	긴장되는	떨리는	난처한
난감한	곤란한	안심되는	흥미로운	속상한
부끄러운	겁나는	무서운	두려운	만족스러운
억울한	분한	놀란	오싹한	서글픈
슬픈	후회스러운	아쉬운	안타까운	서운한
섭섭한	짜릿한	신나는	성가신	행복한
기쁜	막막한	암담한	조바심 나는	초조한
당혹스러운	어리둥절한	허전한	공허한	허탈한
지친	가슴 뭉클한	쓸쓸한	외로운	답답한
갑갑한	짜증 나는	우울한	울적한	개운한
혼란스러운	뿌듯한	불편한	거북한	절망스러운
감사한	비참한	좌절감이 드는	참담한	꺼림칙한
낙담한	무기력한	평온한	편안한	통쾌한
후련한	든든한	황홀한	기대되는	활기 넘치는

감정 어휘가 풍부한 사람이 일반적인 사람들에 비해 감정을 더

풍성하게 느낀다는 사실을 알고 있는가? 우리는 스스로 알고 표현할 수 있는 감정 단어의 수만큼 더 다채로운 감정을 느낄 수 있다. 따라서 자신의 감정에 대해 잘 인식하지 못하는 사람이라면 이러한 감정 단어들에 대해 공부하고 표현해보려는 노력이 중요할 것이다. 이런 노력을 통해 자신의 감정을 잘 이해할 수 있고 타인의 감정에 대한 이해도를 높일 뿐 아니라 성공적이고 행복한 삶의 토대를 형성할 수 있기 때문이다.

"나는 시간 약속을 잘 못 지키는 사람이야", "나는 무대공포증이 있는 사람이야" 혹시 이런 말들을 습관적으로 자주 하고 있진 않은가? 이런 말들은 자신의 능력을 제한하는 말들이다. 따라서 이런 부정적인 말들을 자신에게 계속한다면, 원하지 않는 부정적인 모습을 자신에게 세뇌하고 있는 것과 같다. 그러므로 우리는 자신에게 하는 부정적인 말들을 주의해서 사용해야 하며, 타인이 자신에게 하는 부정적인 말들도 선별해서 들어야 한다.

우리는 세상을 살아가며 원하는 것보다는 원하지 않는 것들에 초점을 맞추고 두려워하는 경우가 많다. 언어에 강력한 힘이 있다는 사실을 알게 된다면, 우리는 원하지 않는 것보다는 원하는 것에 좀 더 초점을 맞추고 살아가게 될 것이다.

"나는 XXX이 될 거야", "나는 XXX을 꼭 할 거야" 이런 말들을 자신에게 계속 반복한다면 어떻게 될까? 실제로 위대한 업적을 달성한 위인들이나 우리가 성공했다고 우러러보는 많은 리더 중에는 이러한 긍정 언어의 힘을 일찍이 잘 파악해 효과적으로 활용한 사례들을 쉽게 찾아볼 수 있다. 우리는 우리가 하는 생각과 우리가 말하는 것들의 집합체이다. 생각은 말로 표현되고 말은 현실이 된다. 그러므로 내가 원하는 모습, 나에게 기대하는 모습을 자주 상상하고 말하고 행동함으로써 그러한 현실을 창조해낼 수 있는 능력이 우리 모두에게 있다는 사실을 기억할 필요가 있다. 긍정 언어를 의식적으로 사용함으로써 자신을 제한하던 신념을 깨고, 우리 모두 자신 안에 있는 잠재력을 마음껏 펼칠 수 있는 날이 오길 기대해본다.

인간의 내적인 상태와 외적인 환경은 시각, 청각, 촉각, 미각, 후각을 통해 나타난다

우리는 우리의 오감이라는 감각을 사용해 세상을 경험하고 인식한다. 어떤 사람은 천성적으로 오감 중 시각적인 성향이 강한 반면, 또 어떤 사람은 자신의 경험에 대해 언어로 쉽게 말하고 표현하기도 하는 등 청각적 성향이 뛰어나다. 그리고 또 어떤 사람은 경험 감각을 매우 중시해 행동을 하면서 학습하는 촉각적 감각을 앞세워 세상을 배우곤 한다.

바로 이처럼 Visual(시각적) Auditory(청각적) Kinesthetic(촉각적) (줄

여서 V.A.K라고 함) 감각을 통해 우리는 세상을 이해하고 경험하는데 사람들마다 선호해서 자주 사용하는 감각이 다를 수 있다.

다음은 V.A.K 학습과 관련한 사례이다. 어떤 초등학생을 가진 학부모에게 고민이 있었다. 그것은 아이가 다른 학생들에 비해 학업 능력이 너무 떨어진다는 학교 담임 선생님의 이야기를 들었기 때문이었다. 고민을 해결해보고자 교수법을 연구하는 한 친구를 찾아가 도움을 청하게 되었고, 그 친구에게 자신의 아이 상황을 설명하며, 해결 방법에 대해 조언을 구했다. 친구는 V.A.K 검사지를 주며 아이의 학습 스타일을 한번 체크해보라는 조언을 해주었고 친구의 조언대로 V.A.K 검사를 하고 난 뒤 아이가 K형, 즉 촉각적 감각을 통해 학습하는 유형이라는 것을 알게 되었다. 그 이후 아이의 학습 스타일에 맞춰 체험 방식 위주로 교육을 진행하니 그 아이의 학습 속도가 놀라울 정도로 향상되었고 그 이후로 학부모의 걱정은 사라지게 되었다는 사례이다.

이처럼 자신의 V.A.K 유형을 아는 것은 학습 속도 및 자신의 업무 효율을 높일 좋은 기회가 된다.

만약 당신이 시각적 감각을 선호하는 사람이라면 충분한 그림과 사진 그리고 읽을 것을 통해 학습 효과를 높일 수 있을 것이다.

혹시 청각적 감각을 선호하는 사람이라면 듣기와 토론 위주의 학습이 효과적일 것이다. 이런 사람에게는 도표나 그림(시각적 감각)보다는 서술문으로 묘사하거나 이야기하는 것이 효율적이다.

촉각적 감각을 선호하는 사람이라면 실제로 몸을 써보며 학습할 수 있도록 체험중심적 접근법을 사용하는 것이 좋을 것이다. 자신이 특정 상황에 놓여 있다고 상상하며 역할극을 해보게 하거나 핵심사항, 아이디어를 직접 실행해

보게 함으로써 학습효과를 높일 수 있다.

우리는 자신과 같은 감각 채널을 주로 사용하는 사람에게 더 친밀감을 느끼고 대화가 잘 통한다고 생각하는 경향이 있다. V.A.K를 이해한다면 나의 직장상사 혹은 부하직원, 나의 아이가 어떤 유형인지 파악하고, 그 유형에 맞는 언어를 사용함으로써 더욱 효과적으로 소통할 수 있게 된다.

시각적 감각을 주로 사용하는 사람이라면 "그 장면이 생생하게 그려져", "너의 비전을 보여줘"라는 시각적 단어가 들어간 말들을 자주 할 것이다. 청각적 감각을 주로 사용하는 사람이라면 "그 소리가 내 귓가에도 들리네", "허무맹랑한 소리 하지 마" 이런 청각적인 느낌의 단어들을 주로 사용할 것이며, 촉각적 감각을 사용하는 사람이라면 "우리 함께 손잡고 이 어려움을 극복해보자", "너의 마음이 느껴져"와 같이 촉각적인 느낌이 나는 말들을 사용할 것이다.

이처럼 나의 V.A.K를 알고, 대화하려는 상대방의 V.A.K를 아는 것은 대화의 질을 높이고, 나의 메시지를 오해 없이 효과적으로 전달하는 좋은 기술이 될 수 있다.

NLP는 이처럼 사람들이 삶에서 유용하고 효과적인 많은 기술들을 배우고 활용할 수 있게 도움으로써 우리가 삶을 좀 더 성공적으로 살 수 있도록 한다. 그러므로 나와 같은 더 많은 사람들이 NLP의 이론과 기술을 배워 삶에 적용해봄으로써 더 행복하고 풍요로운 삶을 살 수 있는 날이 오길 기대해본다.

3장

이현수

신경 언어 프로그래밍을 통해
의식의 세계에서 무의식의 세계로!

우연히 시작된 아주대학교 MBA 과정에서 코칭을 시작하고 이성엽 교수님의 NLP(Neuro Linguistic Programming) 수업에 참가하면서 나의 내면에 조금씩 변화가 일어났다.

NLP 과정이 진행될수록 나의 내면에서 일어나는 모든 일들이 새롭게 인식되었고, 나의 현실과는 또 다른 하나의 세상이 존재함을 느꼈다. 그로 인해 나의 의식과 신념에 조금씩 변화가 일어났으며, 그렇게 시작된 나의 의식과 무의식의 변화들이 시간이 흐르면서 조금씩 편안한 상태로 전환되었고, 그 상태를 오래도록 유지할 힘이 생겼으며 그로 인해 삶을 대하는 태도에도 영향을 주었다. 그래서 필자가 NLP를 통해 배우고 느꼈던 것들이 나의 삶에 어떻게 적용되고 있고, 어떤 변화가 일어났는지 NLP에 관심이 있는 누군가에게 나의 경험을 공유한다면 그 누군가 중에서 누군가는, 어쩌면 지금 이 글을 읽고 있는 당신의 삶에 긍정적 변화가 시작되는 계기가 될 수도 있겠다는 긍정의 마음으로 이 책을 써보자는 동료들의 의견에 흔쾌히 찬성을 했고 수업을 받던 시절을 회상하며 글을 써본다.

> NLP는 우리의 뇌가 어떻게 일을 하며, 언어가 어떻게 뇌와 상호작용을 하며, 우리 자신과 타인을 위해서 원하는 결과를 얻기 위하여 그 지식을 어떻게 활용할 것인가에 대한 모형이다.
>
> — 로버트 딜츠(Robert Dilts)

내 삶에 변화를 가져다준
NLP에서의 배움 : 신념(Belief)

필자에게 NLP를 배우고 나서 가장 기억에 남는 것을 말하라고 한다면 단연코 '신념(Belief)'을 꼽을 수 있다. 이는 지금도 나의 삶에 가장 크게 영향을 주고 있는 부분이다.

> 신념은 세상이나 자기 자신 그리고 살아가는 모든 일에 대하여 확실히 그렇다고 믿거나 혹은 '이래야 한다, 그렇지 않으면 안 된다'고 믿는 믿음이다. 사람은 강한 신념을 가지고 산다. 그 사람의 신념은 그를 이끄는 원칙으로 작용하여 생각, 감정, 그리고 행동을 지배한다.
> 긍정적인 신념을 통해 긍정적인 결과를 낳기도 하지만, 부정적인 신념을 통해 자신의 삶의 걸림돌이 된다는 것을 알지 못한 채 힘들게 자신을 지탱하고 그 신념 때문에 어려움을 겪으며, 목적 달성을 힘들어 하거나 이혼을 하고, 전쟁도 한다. 그러나 신념은 엄격한 의미에서 선택된 것이며, 개발된 것이기 때문에 개선될 수 있다. 제동을 거는 신념, 목적 달성을 방해하며 문제를 일으키는 신념은 제거할 수 있어야 하나 신념이 바뀌면 능력이 바뀌고 행동이 바뀐다.
>
> -『변화와 성장을 위한 NLP의 원리 1』, 163p

신념에 대한 개념조차 생각해보지 않고 살던 필자에게 신념의 정의를 생각하게 해준 글이다. 신념은 우리가 진실이라고 믿는 것이지 정답이 아니라는 글을 통해 나는 그동안 어떤 신념을 정답이라고 믿고 살면서 나를 가두고 살아왔는지 나의 내면을 깊이 들여다보게 되었다.

신념은 어떻게 형성이 되고 어떤 특성이 있는지 알게 되면서 내가 어떤 신념을 갖고 사는 사람인지 관심이 생겼고 한동안 모든 일로부터 또는 다른 사람으로부터 내가 느끼는 감정과 반응을 바라보면서 무의식에 자리 잡고 있는 나의 신념들을 찾아보던 기억이 있다.

내가 좋아하는 것은 왜 좋아하고, 싫어하는 것은 왜 싫어할까? 내가 누구에게는 호감을 느끼고 누구에게는 불편함을 느끼는 이유는 무엇일까? 나는 어떤 일은 왜 하고 싶고, 어떤 일은 왜 하기 싫을까?

이런 질문을 시작으로 조금만 내면 깊은 곳으로 들어가 보면 나의 신념들과 만나게 되는 것을 알아차리게 된다. 이럴 때 내가 불편해하거나 힘들어하는 것들에 대해 나의 신념 때문에 시작된 감정이란 것을 인식하는 것만으로도 마음이 훨씬 편해졌으며 그 감정마저도 나의 선택이라는 것을 깨닫게 되었다.

그 이후엔 기쁜 감정이 올라올 땐 '아하! 나는 이런 일에서, 이런 사람에게서, 이런 행동에서 기쁨을 느끼는구나'를 인식하며 나의 신념과 연결을 시킬 때 더 기쁜 감정을 느낄 수 있었고, 기분 나쁜 감정이 올라올 때도 기쁜 감정과 마찬가지로 신념과 연결해보면서 잘못 형성된 나의 신념들을 발견할 수 있었다.

그렇게 잘못 형성된 신념들을 하나씩 풀어가며 지금도 나의 고정된 틀로부터 좀 더 자유로워지고 평온한 마음 상태를 찾아가는 나만의 신념 찾기 여정을 하고 있다.

<신념의 특성>

판단 분별의 기준이 된다.
행동의 원칙이다.
매우 주관적이다.
삶의 기준이 된다.
투명해서 스스로 알기 힘들다.
모든 감정의 원인이다.

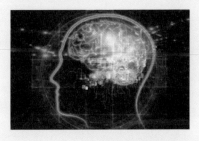

우리는 경험하는 과정에서 신념이 생기고, 그 신념은 특정한 경험을 하게 한다. 우리는 세상을 있는 그대로 보는 것이 아니라, 믿는 대로 경험하기 때문이다. 무엇인가를 경험하고 그것을 진리로 받아들이는 순간, 우리 뇌는 자동적으로 그 진리를 확인하려는 증거 수집에 올인한다. 이것이 반복되면 거의 기계적으로 믿는 것을 경험하게 되고, 그 경험은 믿음을 강화시킨다. 이는 세상을 있는 그대로 보는 것이 아니라, 믿는 대로 보도록 하는 뇌의 기능이다.

- 『변화와 성장을 위한 NLP의 원리 1』, 164~169p

내 삶에 변화를 가져다준
NLP 전제

사실 NLP 전제는 우리가 살면서 이미 알고 있거나 들어봤을 법한 좋은 글이었다. 맞는 것 같기도 하고 아닌 것 같기도 했지만, 교수님의 "그냥 그렇다고 치고"라는 말에 나도 그냥 그렇다고 치고, 있는 그대로 받아들이며 46개의 NLP 전제를 하나하나 읽어가면서 떠오르는 성찰을 과제로 제출했었다. 그런데 신기하게도 일상생활에서 NLP 전제와 비슷한 상황이 발생할 때면 나도 모르게 NLP 전제가 떠오르곤 했는데 그중에서도 몇 가지 전제는 이제 나의 삶에 자연스럽게 스며들어 활용되고 있다.

사람은 누구나 자기가 필요한 모든 자원을 가지고 있다

이 전제는 코칭을 접하게 되면서 수없이 듣던 말인데 NLP 관점에서 생각해보니 정말 사람은 누구나 자기가 필요한 자원은 가지고 있다는 말이 공감되었다.

무언가 하고 싶은 일이나 해결하고 싶은 문제가 있을 때 어떻게 풀어나가야 할지 잘 몰라서 망설이거나 포기하는 경우가 종종 있다. 그런데 가만히 들여다보면 내가 어떻게 해결해야 할지 이미 많은 것을 알고 있다는 사실을 알게 된다.

어쩌면 우리는 자신 내면의 무의식 속에 자리 잡고 있는 자원을 어떻게 찾고 활용하는지 방법을 잘 몰라서 혹은 막연하게 나에겐 어려운 일이라고 생각해서 포기했던 것은 아니었을까?

> 우리는 이미 충분한 자원을 가지고 있는데 이를 발견하지 못한 것일지도 모른다는 접근으로 바라보는 것이다. 과거의 수많은 크고 작은 성공과 실패는 내가 활용할 수 있는 자원이 될 수 있다. 이는 어떻게 바라보고 어떻게 활용하느냐의 문제다.
>
> -『변화와 성장을 위한 NLP의 원리 1』, 22p

코칭에서도 클라이언트가 문제를 해결하거나 목표를 달성하기 위한 방법을 찾을 때 코치는 클라이언트 스스로 답을 찾을 수 있도록 질문 위주의 대화를 하는데 그 이유는 클라이언트가 이미 답을 알고 있거나 찾아낼 수 있다는 전제를 하기 때문이다.

실제로 코칭을 하면서 클라이언트가 어렵다고 했던 일들에 대해서도 생각보다 훨씬 많은 자신만의 방법을 찾아내고 실행으로 옮기면서 원하는 목표를 달성하는 모습을 자주 경험했다. 물론 실행하다가 중도에 멈추는 경우도 있었지만, 이런 경우엔 대부분이 목표가 명확하지 않았거나 달성하고자 하는 동기부여가 부족했기 때문이었던 것 같다.

필자의 경우도 과거에 어떤 목표를 정하고 계획을 세워 실행에 옮겨보지만 오래지 않아 실행력이 급격히 떨어지고 결국엔 흐지부지되다가 중도에 포기하는 일들이 많았다. 그런데 NLP를 학습하고 나서는 실행을 지속하는 사례가 많아진 것 같다.

이유를 생각해보면 과거엔 목표를 세울 때부터 막연하게 높은 목표 설정과 대충 생각해 볼 수 있는 실행 계획으로 무작정 시작하곤 했다면 NLP를 접하고 나서는 목표를 명확하게 설정하고 실행 방법을 찾을 때도 그동안 내가 성공했거나 실패했던 경험을 자원으로 활용해서 나에게 적합한 방법을 찾거나 주변 자원(사람, 사물, 지식, 정보 등)을 활용하면서 지속해서 실행하는 일들이 많아졌기 때문이다.

이렇게 사람들은 자신에게 필요한 자원을 충분히 가지고 있음에도 불구하고 어떻게 자원을 찾고 활용해야 하는지 모르는 경우가 대부분인 것 같다. 지금부터라도 사람은 누구나 자기가 필요한 모든 자원을 가지고 있다고 전제하고 나에게 적합한 방법들을 찾아보는 연습을 해보자.

불안에서 도망칠수록 불안은 깊이 파고든다

무언가 원하지 않는 상황이 발생하거나 예상될 때 막연한 불안과 걱정으로 하는 일에도 집중이 잘 안 되고 괜히 민감해지면서 걱정과 불안이 점점 더 깊이 파고들어 결국 스트레스로 밤잠을 설쳤던 경험이 다들 한 번쯤 있을 것이다.

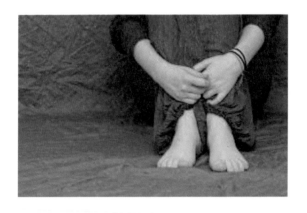

NLP를 공부하면서 자연스럽게 나의 내면과 대화를 하고 나의 생각을 인식하는 경험이 많아지면서 일상에서 걱정과 불안이 몰려와 가슴을 억누를 때면 나는 위 NLP 전제를 떠올렸다. 두려움에 직면하게 해주는 나만의 10가지 질문을 하면서 답을 하다 보면 대부분은 내가 막연하게 걱정하거나 불안해하고 있었다는 것을 알 수 있었다.

그럴 때마다 나의 마음은 자연스럽게 걱정과 불안으로부터 자유로워진다는 것을 느낄 수 있었다. 가끔은 걱정과 불안에 점점 더 직면하고 있는 나의 모습을 보면서 알 수 없는 자신감마저 느껴지기도 했고 가끔은 걱정과 불안이 나에 대한 도전과 극복의 기회로 전환되어 나의 성공 자원이 되기도 했다.

혹시 지금 불안하거나 걱정스러운 일이 있다면 시험 삼아 아래 질문을 응용해서 스스로 질문하고 답변을 해보면서 느껴지는 감정을 인식해보길 바란다.

① 내가 지금 걱정하고 불안해하고 있는 것은 무엇인가?
② 내가 걱정하고 불안해하는 상태가 된다면 내게 무슨 일이 일어나는가?
③ 그 일이 일어나면 또 내게 무슨 일이 일어나는가? (답변이 반복될 때까지 질문하기)
④ 그런 상태가 될 확률은?
⑤ 지금 이 불안을 회피한다면 그 불안과 걱정은 사라지는가?
⑥ 내가 원하는 상태는?
⑦ 그렇게 되기 위해 내가 할 수 있는 최선은 무엇일까?
⑧ 내가 할 수 있는 일은 무엇이고 할 수 없는 일이라면 어떤(누구) 도움이 필요한가?
⑨ 최선을 다했지만 걱정하는 상태가 된다면 나의 대안은?
⑩ 나는 정말 내가 원하는 상태가 되도록 최선을 다하고 있는가?

필자의 경우엔 어떤 종류의 불안과 걱정에 대해서 위 10가지 질문을 응용해서 스스로 질문하다 보면 내가 무엇 때문에 걱정과 불안감을 느끼는지 찾을 수 있었고 그 걱정과 불안을 해결할 방법을 찾거나 행동을 하는 데 도움이 되었다.

다음은 필자가 재직 중인 외국계 반도체설비 회사에서 고객사로부터 수주받은 반도체설비를 납품하는 과정 중에 있었던 일인데 누구나 직장생활을 하면서 경험하게 되는 소소한 걱정과 근심이겠지만 회피하지 않고 직면하여 문제를 해결하면서 얻게 된 작은 성공 자원 사례이다.

이미 수주 계약을 했던 설비를 약속한 일정에 고객사로 납품하기 위해 배송 준비가 완료된 상태에서 발생한 일이다. 필자가 재직 중인 회사의 반도체설비는 버스보다도 크고 무겁다 보니 20여 개 모듈로 분리 후 비행기로 배송하기 위해 목재 포장을 마친 뒤에 야적장으로 옮겨진 상태였다. 그런데 이틀 뒤에 출고해야 하는 상황에서 갑자기 고객사로부터 출고를 잠정적으로 보류해달라는 요청을 받았다.

소식을 듣자마자 뭔가 문제가 심각하게 흘러갈 것 같은 직감이 들었지만 긴급한 상황이었기에 최대한 빨리 고객사의 요청사항을 본사에 전달해서 배송을 보류해달라고 했다. 그러나 직감적으로 느꼈던 문제는 본사로부터 전해져왔다.

비록 고객사의 요청이라고 하지만 배송 준비가 완료된 상태에서 갑작스럽게 배송을 연기시키는 것은 본사에서는 받아들일 수 없다는 입장이었다. 이유는 목재 포장이 완료된 설비를 다시 창고로 이

동해서 보관해야 하는데 본사 창고는 이미 수주된 설비를 제작하기 위한 부품들로 잉여 공간이 없어서 외부 사설창고를 이용할 수밖에 없다는 것이었다. 그럴 경우 설비를 이동하기 위한 물류비용과 보관료가 발생하는데 한 달에 몇천만 원 정도 발생하며 그 비용은 고객사에서 지불해야 한다는 것이었다.

그런데 고객사는 출고 전인 설비의 보관비용을 지불하기 어렵다는 입장이었고 또 다른 문제는 출고 연기로 인해 이미 주주이사회에서 발표한 분기 매출실적을 맞출 수 없게 되는 상황이었다. 필자가 총괄하고 있는 사업부에서 배송 지연 문제로 분기 실적에 영향을 줘서 리더십팀으로부터 압박을 받게 될 걱정과 보관 및 물류비용 처리 과정에서 고객과의 분쟁 가능성에 대한 우려와 불안감이 갑작스럽게 스트레스로 밀려왔다.

긴급하게 결정하고 처리가 되어야 하는 상황에서 나는 걱정과 불안감이 점점 더 깊이 파고들어 가고 있음을 느꼈고 그때 NLP 전제를 떠올리며 걱정과 불안에 직면하게 하는 나만의 10가지 질문을 통해 생각을 정리해나갔다.

① 내가 지금 걱정하고 불안해하고 있는 것은 무엇인가?
설비가 배송되지 못해서 분기 매출에 영향으로 리더십팀으로부터 압박을 받게 될 걱정과 배송 지연으로 발생하는 비용을 고객사

가 부담하지 않을 경우 양사의 분쟁 가능성에 대해 우려와 불안해하고 있다.

② 내가 걱정하고 불안해는 상태가 된다면 내게 무슨 일이 일어나는가?

분쟁 과정에서 양사의 관계가 악화되고 그동안 쌓아온 고객과의 신뢰관계가 한순간에 깨질 수 있다.

③ 그 일이 일어나면 또 내게 무슨 일이 일어나는가?

고객과의 관계 악화로 향후 매출이 줄어들 것이다.

그렇게 되면 또 어떤 일이 일어나는가?

서비스 인력을 축소해야 하고 비즈니스 상황은 더 악화된다.

그렇게 되면 또 어떤 일이 일어나는가?

문제를 제대로 해결하지 못한 나를 비난할 것이다.

그렇게 되면 또 어떤 일이 일어나는가?

총괄책임자로서 책임을 지고 물러나야 한다.

→ **걱정과 불안의 본질을 발견 : 내가 걱정하고 불안해하는 근원을 알게 되는 순간이었다.**

④ 그런 상태가 될 확률은?

그렇게 될 확률은 10%도 안 된다.

→ **긍정으로의 전환 : '내가 정말 괜한 걱정을 하고 있구나'라는 생**

각이 들었다.

⑤ 지금 이 불안을 회피한다면 그 불안과 걱정은 사라지는가?

내가 이 불안을 회피한다면 상황을 중재하고 지휘하는 사람이 없어서 오히려 일이 커지고 더 안 좋은 상황이 될 것이며 나는 더 걱정하고 불안해할 것이다.

→ 동기 강화 : 내가 할 수 있는 것들을 적어봐야지 하고 문제 해결을 위한 동기가 강화되는 순간이었다.

⑥ 내가 원하는 상태는?

예정대로 배송되도록 하거나 배송 지연 비용에 대해 양사가 분쟁 없이 해결되도록 하는 것이다.

→ 목표 설정 : 내가 해내야 할 명확한 목표를 설정하게 되었다.

⑦ 그렇게 되기 위해 내가 할 수 있는 최선은 무엇일까?

현재 상황을 정확하게 파악해서 지사장과 본사 리더십팀에 상황을 보고하기.

고객사 담당 임원을 만나서 배송 지연으로 발생할 수 있는 문제점을 정확히 설명하고 문제가 발생하지 않도록 도움을 요청하기.

본사 리더십팀이 고객사에 직접 상황을 설명할 수 있도록 회의를 주최하기.

담당자들에게 후속 조치가 이루어질 수 있도록 지휘하기.

→ **실행 계획 탐색 : 내가 할 수 있는 일들을 탐색해보면서 일의 우선순위까지도 정리되었다.**

⑧ 내가 할 수 있는 일은 무엇이고 할 수 없는 일이라면 어떤(누구) 도움이 필요한가?

고객사 구매팀장 및 임원에게 기한 내에 배송이 될 수 있도록 도움을 요청하기.

본사 리더십팀이 고객사 임원에게 상황을 직접 전달할 수 있도록 도움을 요청하기.

→ **의식 확장 : 내가 할 수 없는 것들에 대해 어떤 도움이 필요한지 생각해 보면서 나의 한계도 생각해 보게 되었고 외부 자원을 활용하는 것까지 의식을 확장할 수 있었다.**

⑨ 최선을 다했지만 걱정하는 상태가 된다면 나의 대안은?

배송 지연에 따른 비용을 다음 수주받을 설비에 반영되도록 고객과 협상하기.

⑩ 나는 정말 내가 원하는 상태가 되도록 최선을 다하고 있는가?

이 정도면 최선을 다하고 있는 것 같다. 그래도 빠짐이 없는지 더 고민해보자.

→ **다짐하기 : 실행 계획대로 실천하겠다고 다시 한번 다짐을 했다.**

위와 같이 스스로 묻고 답하기를 하면서 생각이 정리되고 내가 무엇을 해야 할지 정리된 생각대로 실행에 옮겼고 결과는 의외로 내가 안 될 것으로 판단했던 곳에서 쉽게 문제가 해결되었다. 그 당시엔 고객사 임원에게 본사 상황을 설명하고 도움을 요청한다고 해서 상황이 바뀌긴 어려울 것으로 판단했기에 가능성이 희박하다고 생각했었다.

그러나 고객사 임원은 설비업체를 만나는 것이 불편한 상황이었 겠지만 대면회의 제안을 받아들였고 상황을 충분히 듣고 나서 배송 지연에 따른 문제가 생각보다 심각할 수 있다고 판단하고 복잡한 상황이 발생하지 않도록 내부 절차를 통해 배송이 예정대로 진행될 수 있게 도움을 주면서 배송 지연에 따른 문제가 재검토되었고 예정일보다는 지연되긴 했지만 복잡한 상황으로 치닫기 전에 배송되면서 사건은 일단락되었다.

시간이 지난 지금에서 다시 생각해봐도 그때 걱정과 불안에 직면하지 않고 회피하려고 했다면 결과는 복잡한 상황이 벌어졌을 것이고 어찌어찌 어렵게 상황이 마무리되었을 것이다. 위 사례를 경험하면서 걱정과 불안으로부터 회피하지 않고 어려움에 견디는 용기가 필요함을 새롭게 인식하게 되었다.

지금도 순간순간 마음속에서 피어나는 걱정과 불안들이 마음을 짓누르려고 할 때마다 위 10가지 질문을 하다 보면 대부분의 걱정과 불안은 생각보다 별거 아님을 알게 되고 그로 인해 곧 평정심을 찾곤 한다.

필자가 불안과 걱정에 직면하는 과정을 반복하면서 알게 된 것은 사람은 무의식 속 무엇인가에 두려움을 느끼고 있기 때문에 불안해하고 걱정하게 된다는 것이다. 이럴 때 무의식 속 두려움의 실체가 무엇인지 인식하는 것만으로도 걱정과 불안이 줄어들게 되는데 자신에게 질문하는 것을 통해 마음속 깊은 곳에 숨어 있던 두려움의 실체와 직면하게 되고, 그것을 있는 그대로 바라보고 받아들일 때 부정적인 생각들이 긍정적인 생각으로 전환된다. 물론 이것은 전적으로 필자의 경험에 의한 주관적인 생각이지만 이 글을 읽고 있는 독자분들도 이런 경험을 해본다면 공감을 할 수 있지 않을까 싶다.

지금까지 NLP가 나의 삶에 어떻게 스며들어 변화를 일으켰는지 나의 경험을 정리해보았다. 사실 앞서 소개한 사례 이외에도 NLP 학습을 통해 나의 삶에 적용되고 있는 것들이 더 많지만, 이 두 가지만으로도 NLP 학습이 나에게 얼마나 큰 선물을 주었는지 충분히 표현할 수 있었다고 생각한다.

나는 NLP 전체 과정을 '자기인식'이라고 표현하고 싶다. 나의 삶에서 생각하고 행동하는 모든 것들에 대해 자기인식을 하다 보면 자연스럽게 성찰하게 되고, 스스로 해답을 찾게 되고, 배움을 갈망하게 되고 나의 오감이 조금씩 열리면서 나라는 존재가 변화되고 있음을 느끼게 될 것이다.

혹시 지금 이 순간 마음의 동요가 조금이라도 느껴진다면 그 마음의 감정을 들여다보면서 NLP를 통해 새롭게 자신과 만나는 당신 내면의 무의식 세계로 여정을 떠나보길 바란다. 필자의 NLP에 대한 경험이 누군가의 변화에 시작점이 되길 바라는 마음으로 나눔의 끝을 맺고자 한다.

• 참고문헌

『변화와 성장을 위한 NLP의 원리 1』, 이성엽, 박영스토리
『이미 완전한 당신: 어웨이크너』, 이성엽, 박영스토리

4장

최해정

내면으로의 여행이 시작되다

지금껏 눈에 보이고 손으로 만져지는 것들이 실제라고 생각했다. 그런데 눈에 보이지 않는 것들이 훨씬 더 크다는 사실은 NLP를 배우게 되면서 조금씩 알아갈 수 있었다.

그 시작을 안겨준 NLP 전제 '지도는 영토가 아니다!' 사람들마다 저마다의 색이 있는 렌즈를 끼고, 저마다의 프레임으로 세상을 보게 되니 그것들을 통해 보이는 것들이 전부는 아닐 것이다. 그렇다면 나는 어떤 지도를 얼마나 선명하게 그려나가고 있을까?

앞에 펼쳐질 세상에 대한 기대감이 차오르며 한 발짝 조심스럽게 내디뎠을 때 눈앞에 드러나는 세상은 내가 지금껏 인지했던 모습과는 다름이 느껴진다. 눈을 감았더니 더 멀리 더 선명하게 보이는 듯하다. 밖으로만 향하던 나의 발걸음을 멈추고 이제 내면으로의 여행을 시작한다. 그리고 시절인연(時節因緣)을 따라 만나는 수많은 스승과 함께 그 내면으로의 여정을 함께할 것이다.

배움의 정의는 각기 다르겠지만, 지금 나는 배움의 여정 한가운데에서 더 먼 곳을 바라보며 나아가려 한다. 비록 그 걸음이 빠르지는 못할지라도 그 누구보다도 힘차게 나아갈 것이다. 지도를 그려나가는 여정을 생각하니 설렘으로 가슴속에 빛이 차오르는 듯하다. 나의 이야기는 신념으로부터 출발한다.

✦ 프리다이빙!
나의 신념을 바꿔준 고마운 선물!

어느 누군가 할 수 있다는 것은
다른 어떤 사람도 할 수 있는 것이다!

어린 시절 가족들과 계곡에 놀러 간 적이 있다. 무더운 날 소름이 돋을 정도의 차가운 계곡 물은 사막의 오아시스처럼 가슴을 뛰게 한다. 신이 나서 물놀이를 하다가 어느 순간 발이 땅에 닿지 않는다는 것을 느꼈다. 나의 몸은 계곡 물살을 따라 점점 사람들과 멀어지며 깊은 물 쪽으로 따라 내려갔다. 몸이 경직되며 자꾸만 물속으로 빨려 들어가는 느낌에 두려움이 엄습해왔다. '이러다 죽는 것 아닌가?' 하는 생각이 들었다.

다행히 근처에 있던 삼촌이 허우적대는 나의 한쪽 팔을 잡아끌었고 물 밖으로 나올 수 있었다. 무섭고 정신이 멍한 상황이었는데, 왜 위험한 행동을 했느냐며 큰소리로 나무라는 삼촌의 말에 더 서운해서 눈물이 터져 나왔다. 진짜 죽을까 봐 얼마나 무서웠는데…. 나에게 물은 그 이후로도 오랜 기간 공포의 대상이었다.

'나는 수영 못해. 그리고 수영 못해도 사는 데 문제없어!'라는 신념을 가진 나에게 어느 날 변화의 기회가 찾아왔다. 대학원에서 함께 코칭을 전공하는 백상현 코치님이 재능기부로 프리다이빙을 가르쳐 준다고 했다. 대기업 다니는 분이 언제 프리다이빙 강사 자격증까지 따게 되셨는지 그 사연이 궁금하기도 했고, 뭔가 새로운 도전이 될 수 있을 거라는 기대감이 생기기도 했다. 그리고 프리다이빙에 관심이 있는 다른 코치님들을 보니 자연스럽게 흥미와 용기가 생겼던 것 같다. 하지만 그때 가장 궁금했던 것, 바로 물공포증이 있는 내가 프리다이빙을 할 수 있느냐는 것이었다.

"수영을 못하는 사람, 더욱이 저처럼 물공포증이 있는 사람이 프리다이빙을 배울 수 있을까요?"
"그럼요! 제가 가르쳤던 사람 중에 물공포증 있었던 분이 계셨는데, 그분이 프리다이빙 강사가 되셨어요! 수영 못해도 괜찮아요."

자신감 있게 대답해주는 백 코치님이 든든하게 느껴졌다. 프리다이빙 단체톡방이 생기고 새로운 정보들이 넘쳐났다. 마치 숲 속을 산책하듯 깊은 바다를 자유롭게 유영하는 프리다이버들의 영상은 정말 눈부시게 아름다웠다.

처음 수원 다이빙 풀장을 갔던 날, 5미터 깊이의 풀장을 내려다보는 순간, 거대한 거인을 눈앞에 마주한 듯 두려움이 밀려왔다. 긴장감에 몸이 덜덜 떨리며 내가 왜 한다고 했는지 후회가 밀려들었다.

수영을 잘하는 분들은 빠르게 프리다이빙 기술을 익혀갔는데, 수영을 못하는 나의 실력은 쉽게 늘지 않았다. 처음에는 몸이 긴장하는 탓에 즐기기보다는 오히려 고된 느낌이 많았다.

준비 호흡을 마치고 최종 호흡을 하고 나면, 코치님이 나와 함께 물속으로 들어가기를 여러 번 반복했다. 코치님이 옆에서 함께 있어주니 물에 대한 공포가 조금씩 줄어드는 것이 느껴졌다. 어느 순간, 물속에서도 안전하다고 느껴졌고, 물의 부드러운 촉감이 얼굴과 손을 스치며 마음이 편안해졌다. 그전에는 차갑고 불안하게 느껴졌던 곳이 어느 순간부터 몸에 닿는 물의 느낌이 따뜻하지도 차갑지도 않은 딱 좋은 온도로 느껴졌다. 그리고는 더 이상 긴장감이 아닌 평정심의 마음으로 다이빙 풀장을 유영할 수 있게 되었다. 자연스럽게 깊은 풀장 바닥으로 미끄러지는 느낌은 마치 하늘을 나는 듯한 느낌마저 들었다. 하늘처럼 광활하게 펼쳐지는 푸르른 색, 소리, 살랑거리는 물의 파동과 움직임이 모두 꿈인 듯 꿈이 아닌 듯 환상적으로 보였다. 물속에서의 자유로움을 만끽하고 나면 복잡했던 머릿속이 말끔히 정리되는 느낌이다.

누구도 처음부터 잘하는 사람은 없다. 호기심과 용기만 있다면, 누구든 연습을 통해 무의식적 능력 상태로 갈 수 있다. 그리고 이런 긍정적인 신념을 일으키도록 지지해주는 사람들과 훌륭한 코치님이 있다면, 더욱 성공적으로 이루어낼 수 있다.

프리다이빙을 함께했던 분들 덕분에 제한된 신념을 변화시키는 경험이 가능할 수 있었다. 그리고 지속적인 성공의 경험은 끊임없는 동기부여가 되어 또 다른 도전을 하고 싶게 나를 자극한다.

프리다이빙 입문 6개월 후 모습

신념이 바뀌면 능력이 바뀌고 행동이 바뀐다!

신념은 세상이나 자기 자신 그리고 살아가는 모든 일에 대하여 확실히 그렇다고 믿거나 혹은 '이래야 한다, 그렇지 않으면 안 된다'는 식의 믿음이다. 사람은 강한 신념을 가지고 산다. 그 사람의 신념은 그를 이끄는 원칙으로 작용하여 생각, 감정, 그리고 행동을 지배한다.

긍정적인 신념은 긍정적인 결과를 낳기도 한다. 하지만 일부 부정적인 신념은 자신의 삶에 걸림돌이 된다는 것을 알지 못한 채 힘들게 자신을 지탱하고 그 신념 때문에 어려움을 겪으며 목적 달성을 힘들게 한다. 그러나 신념은 엄격한 의미에서 선택된 것이며 개발된 것이기 때문에 언제든 바뀔 수 있다. 제한된 신념, 목적 달성을 방해하며 문제를 일으키는 신념은 제거할 수 있어야 한다.

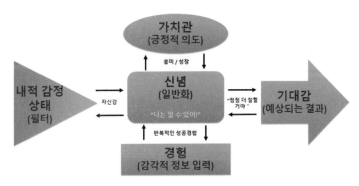

경험, 내적 감정 상태, 가치관, 기대감이 상호작용하여 신념이 형성된다.

프리다이빙에서 경험했던 바와 같이, '나도 할 수 있어'라는 신념이 형성되기까지 많은 것들이 상호작용했다는 것을 알 수 있다. 함께하는 주위 사람들이 있어서 흥미와 호기심을 자연스레 가지게 되었고, 든든한 강사님 덕분에 자신감을 가질 수 있었다.

나는 프리다이버들의 영상을 보며 그들처럼 푸르른 바다를 자유롭게 유영하는 모습을 상상했고, 프리다이버로서의 미래 모습에 대한 기대감을 키웠다. 또한, 훈련을 통해 점점 더 나아지는 모습을 스스로 확인하며 더 큰 자신감을 확보할 수 있었다. '나도 할 수 있다'는 신념은 이제 나의 신념으로 자리 잡았다.

실패하더라도 계속 노력하게 하는 동기부여와 긍정적인 자극이 있다면, 우리의 신념은 가치, 기대되는 긍정적 결과, 내적 감정 상태의 변화를 통해 새로운 경험을 하게 되고, 이에 따라 자연스럽게 신념을 재구성하며 업데이트할 수 있다.

어느새 뿌리 깊게 자리 잡고 있는 신념을 살펴보며, 긍정적인 신념으로 강화하도록 노력하는 것이 중요하다.

✦ 자아 정렬(Self Alignment) : 셀프코칭하기

Neuro Logical Level에 따른 자아 정렬

자아 정렬이 잘 되었다는 것은 자신의 감정 상태를 알아차리고 객관적인 입장에서 상황을 더 잘 이해할 수 있으며 합리적으로 문제를 해결하는 능력이 길러진다는 것을 의미한다. 삶의 안정감이 유지되며 자존감이 높아진다.

자아 정렬은 바로 내면에서 작동하는 것들을 서로 일치시키고 서로 균형을 맞추는 것이다. 즉, 정체성, 가치, 신념이 서로 연결되고 그것과 더불어 능력, 행동, 환경을 정렬시키는 것이다. 다음의

Neuro Logical Level에 맞게 셀프코칭을 진행할 수 있다.

Logical Level	자아 정렬을 위한 질문	셀프코칭의 예
정체성	당신은 어떤 사람으로 기억되고 싶은가요?	몸과 마음이 건강하고 열정적인 사람
가치 신념	그런 존재로 기억되는 사람은 어떤 신념을 가지고 있고, 어떤 가치를 중요하게 여기며 살아갈까요?	건강한 생활을 최우선 가치로 여김, 긍정적이고 성실함
능력	그런 존재로 기억되는 사람은 어떤 능력을 가지고 있고, 또 개발하려고 노력할까요?	건강한 식습관과 운동에 대한 풍부한 지식, 자신감이 넘치고 매사에 열정적임
행동	그런 존재로 기억되는 사람은 어떤 행동을 자주하고, 또 자주하려고 노력할까요?	건강한 운동 루틴, 건강한 식습관, 건강한 수면 패턴, 성실하고 규칙적인 생활, 배움에 대한 호기심과 열정이 넘침, 자주 미소 짓기
환경	그런 존재로 기억되는 사람은 삶의 주변 환경을 어떻게 만들고, 또 만들려고 노력할까요?	멘탈 건강을 위한 명상 수련 및 운동을 자주 접할 수 있는 주변 환경, 긍정적인 사람들과의 교류, 정리 정돈된 환경

위의 예처럼, 건강해지고 싶은 사람이라면 건강을 최우선 가치로 두고, 건강한 생활에 대한 다양한 정보를 확보하고 식습관, 운동을 생활화한다. 그리고 냉장고에 있는 음식 종류를 건강한 음식들로 채우는 등, 환경의 변화를 주는 식으로 일관되게 점차적으로 정렬시켜 나가는 것이다.

많은 사람들이 연로한 부모님의 자랑스러운 딸과 아들, 남편과 아내에게는 좋은 배우자, 우리의 아이들에게는 지혜로운 부모가 되고자 하는 마음은 있지만, 말과 행동으로 실천하기는 어렵다고 말한다. 쉬울 것 같지만, 분주한 일상 속에서 놓치기 쉬운 부분들이다.

어떤 목표를 가지든 스스로의 정체성과 신념이 먼저 바로 자리 잡게 하고, 그와 일관된 능력, 행동, 환경을 정렬시킬 때 효과적으로 목표를 달성할 수 있다. 이렇게 Logical Level을 통해 하나로 연결되어 정렬될 때 스스로 안정감을 느끼며 더 큰 변화와 성장을 이룰 수 있을 것이다.

✦ 나는 어디로 가고 있는가?

변화와 성장을 지원하는 지혜로운 코치

코칭을 배우면 배울수록 코칭이 어렵게 느껴진다. 하지만 코칭을 배우며 지속적으로 변화하고 성장할 수 있다는 믿음이 있기에 코치로 성장하는 여정 역시 기대가 된다. 코칭을 통해 만나는 사람들과 나누는 다양한 이야기들은 나의 삶을 비추는 거울이 되기도 하고, 더 나은 사람이 되고 싶도록 끊임없이 동기부여한다.

그렇다면 나는 어떤 코치로 기억되고 싶은가?

정체성 : 변화와 성장을 지원하는 신뢰받는 코치로 기억되고 싶다.

가치/신념 : 이러한 사람은 약속을 중요한 가치로 여기며, 지속적인 배움의 노력과 긍정적인 사고를 가지고 살아갈 것이다.

능력 : 지혜롭고 평정심을 잘 유지하며 따뜻한 마음으로, 경청과 공감을 통해 사람들의 변화와 성장을 지지할 것이다.

행동 : 평정심을 위한 명상을 생활화하고 약속을 잘 지키고 지속적인 배움의 노력을 기울일 것이다.

환경 : 지속적인 배움이 가능한 채널을 다양하게 하고, 나만의 배움과 성찰의 공간을 재구성한다.

모두가 연결되어 있다는 인드라망처럼 서로가 서로를 비추고, 각 구슬은 다른 구슬들 전부를 비춰볼 수 있는… 서로에게 영향을 주는 세상이 신기하기만 하다.

배움의 여정에서 조그마한 계단을 오르고 오르며, 지금까지 걸어온 과정이 모두 소중하기에 앞으로 나아가는 방향 또한 다르지 않을 것이라는 믿음이 생긴다.

NLP는 새로운 세계이다. 여행하듯 눈에 들어오는 모든 것들을 마음을 활짝 열고 오롯이 받아들이려 한다. 내면으로의 여정은 앞으로도 계속될 것이며 변화와 성장을 지속할 수 있다는 생각에 가슴이 두근거린다.

> "진정한 탐험 여행의 목적은 새로운 풍경을 찾는 데 있는 것이 아니라 새로운 시각을 갖는 데 있다."
>
> – 마르셀 프루스트(Marcel Proust)

• 참고문헌

『변화와 성장을 위한 NLP의 원리 1』, 이성엽, 박영스토리

『이미 완전한 당신: 어웨이크너』, 이성엽, 박영스토리

NLPU 200 Master Practitioner Certification Course – Dynamic Learning Publications and NLP University Press

NLP는
New Life Program이다

Why NLP? NLP가 나에게 준 가장 큰 변화는 무엇인가? (To-Be 관점)

선한 영향력을 줄 수 있는 사람(Pay it forward)

어느 날 함께 일하게 된 후배 한 명이 저에게 개인적으로 상의할 것이 있다고 하는 것이었습니다. 후배가 선배에게 '개인적'으로 이야기하고 싶다는 말은 어떻게 보면 긴장하게 만드는 말일 수 있습니다.

'업무적으로 고충이나 애로사항이 있나?', '내가 실수한 것이 있나?' 그런데 그 후배가 물어온 것은 의외이면서도 저를 고무시키는 내용이었습니다.

"부장님, 코칭 공부를 했다고 하셨죠? 저도 코치가 되고 싶습니다. 부장님이 다른 분들과 생각하고 커뮤니케이션 하는 방식이 다르다고 느꼈습니다. 권위적이지 않으면서 사람들을 존중하면서 선한 영향력을 만들어주시는 것 같습니다. 그런 부분들이 코칭을 공부하셔서 그렇다는 생각이 들었습니다."

'Pay it Forward', 내가 누군가에게 친절과 사랑과 같은 선한 영향력을 베풀면, 그 작은 날갯짓이 '버터 플라이 이펙트'처럼 영향력이 더 넓고 크게 펼쳐 나갈 수 있다는 것을 의미하는 마음을 따뜻하게 만드는 말입니다.

그렇게 저에게 선한 영향력을 느껴 코칭에 입문한 후배는 최근에 코치 자격을 취득하고 회사의 사내 코치로 등록되어 활동하고 있으며 다른 사람들의 성장을 돕는 코치로서 성장하고 있습니다.

제가 리더가 될수록 또 해를 거듭할수록 목말랐던 부분은 바로 사람에 대한 이해였습니다. 사람은 무엇에 동기부여가 되는가, 감정은 어떻게 흐르는가, 사람과 사람은 어떻게 서로 영향을 주는가, 이런 물음에 대해 NLP에서 접하게 되는, 사람이 어떻게 오감을 활용해 주관적 경험을 내적으로 정리하는지(표상체계), 겉으로 드러나는 언어적 메시지보다 더욱 실제 내면의 진실한 거울 역할을 하는 비언어적 메시지를 바라볼 수 있는지(BAGLE Model), 어떻게 개인과 조직이 가진 자원을 동력으로 이끌어내는지(Well-formed Outcom) 등 다양한 사람에 대해서 그리고 나에 대해서 깨닫게 되는 프로그램 덕분에 저는 더욱더 내면의 성장을 이룰 수 있었다고 생각합니다.

 NLP를 통해 코치로서 Process와 Tool을 넘어서 더 깊게 사람의 내면을 바라보게 되고, 언어의 힘을 이해하게 되고, 상대방과 언어/비언어적 커뮤니케이션에 대해서 눈 뜨게 되며 더 좋은 코치가 되고 코칭을 개인은 물론 사회생활에서도 접목해보고자 노력했던 작은 날갯짓이 후배에게 선한 영향력을 주었고, 그 후배가 업무로도 바쁜 와중에 개인 시간을 쪼개어 사회 취약계층을 위해 코치로 활약하며 이제는 저에게 또 하나의 경험과 성장을 나눠주는 스승과 같은 분이 되셨고 또한 훌륭한 코치로 성장하며 주위에 더 큰 선한 영향력을 나누고 있습니다.

변화의 시작점과 지향점에 눈을 뜨게 된 사람

(Self-Awareness à Awakeners)

 NLP 과정에 참여하며 개인적으로 적잖이 충격을 받은 프로그램이 있었습니다. 아마 다른 분들도 공통적으로 많이 언급하셨을 '신념체계'입니다.

'나' = '신념' + '신념' + '신념' + '신념' + '신념' + …

나를 이해하기 위해서 나의 생각과 행동을 좌우해왔고 그래서 현재의 나를 만들어온 어찌 보면 암묵지에 있던 신념들을 하나하나 꺼내보고, 이것을 다시 보게 만드는 프로그램이었습니다. 부끄럽지만 아래와 같이 공유해봅니다.

※ 내 인생을 돌아보았을 때 기존에 반드시 긍정적이지만은 않았던 신념은 무엇인가? 그 신념을 이제 어떻게 변화시켜야 하는가? (5가지)

① (As-Is) 시간은 최고의 효율로 써야 한다.

지나친 강박으로 작용하여 스트레스가 높아지고, 효율에 몰두하다 생각이 틀이 좁아지거나 선택의 폭이 좁아지거나 일과 사람의 균형이 흐트러지거나 심지어 서두르다 성과에 오히려 역효과가 있는 경우가 있음.

> **→ (To-Be) 시간은 의미 있게 써야 한다. 여기서 의미는 바로 나에게 삶의 중요한 가치인 '여유', '즐거움', '성장'과 연결되어야 한다.**

② (As-Is) 최대한 많은 경험을 해볼수록 성장한다.

경험 중독자처럼 취미를 해도 끝까지 가고, 가만히 있으면 못 참고, 항상 새로운 것을 해야 하고, 무언가 하지 않고 가만히 있는 것을 못하는데, 이제는 무엇을 해도 오히려 점점 더 공허해짐을 느낌.

→ (To-Be) 경험의 양보다 질(의미)이 중요하다. 여기서 의미는 바로 나에게 삶의 중요한 가치인 '여유', '즐거움', '성장'과 연결되어야 한다.

③ 내가 먼저 홀로서기를 해야 한다. 남에게 의지하면 안 된다.

사람들을 설득하고 분담하는 데 신경을 쓰느니 내가 혼자 다해서 속도를 높이겠다 했는데, 리더로 갈수록 모든 것을 파악하고 통제하기 어려워지고 스트레스를 더 받음. 타인에 대한 부탁, 위임, 의지 기술을 높여야 함.

→ (To-Be) 부탁하는 것은 상대방을 사부님으로 존중하는 것이다. 사람들은 질문과 부탁을 받을 때 오히려 존중받는다고 느낄 수 있다. 이러한 과정이 협업이 될 수 있고 협업을 통해 결실이 더 풍요로워질 수 있다.

④ (기존) 다른 사람에게 조금이라도 불편함을 주면 안 된다.

다른 사람에게 연락하거나 신세 지는 것을 기피하는 것이 심화되며 오히려 일 중심 사람으로 보이거나 차가워 보일 수 있고, 스스로도 사람과 사람 사이에서 부대끼는 재미를 못 느낄 수 있음.

→ (진화) 내가 행복해야 다른 사람도 행복하게 할 수 있다. 내가 행복하기 위해 때로는 불편함을 줄 수 있다.

⑤ (기존) 중요한 것은 탁월함을 추구해야 한다.

그만큼 좋은 성과를 거두거나 인정을 받지만, 이러한 강박감이 새벽에 깨는 불면증이나 마음에 네거티브한 영향으로 작용하여 결국 행복하지 않음. 예전의 성과도 결국 덧없게 느껴질 수 있음.

→ (진화) 중요한 것은 의미를 추구한다. 여기서 의미는 바로 나에게 삶의 중요한 가치인 '여유', '즐거움', '성장'과 연결되어야 한다.

신념체계를 학습하는 프로그램의 작은 예이지만, '이래서 내가 이랬구나, 이런 마음의 힘듦이 있었구나, 인생에서 고단함을 마주했구나!' 하고 이해하게 되었고, 더 나은 내가 되기 위한 성장과 진화를 위한 실마리를 찾아볼 수 있었습니다. 이러한 NLP 프로그램들을 통해 사람의 내면 à 신념 à 사고 à 행동 등으로 이루어지는 메커니즘에 대해 조금 더 눈을 뜨게 되었고, 자신을 깊이 있게 성찰하며(Self-Awareness), 나아가 타인을 일깨울 수 있는 사람으로 성장해야겠다는(Awakeners) 깃발을 제 인생의 지도에 목표와 좌표로 꽂게 되었고, NLP에서 접하게 되는 여러 프로그램이 소중한 나침반과 지도가 되어주고 있습니다.

머물지 않고 성장을 향해 발을 내딛는 사람
('Because of' vs 'Despite of')

최근에 개인적으로 큰 어려움을 겪고 계신 클라이언트 분을 마주할 일이 있었습니다. 40대에 들어서며 회사에서 전례 없는 성과

와 조기 조직장 임명 등 큰 성취를 이루었지만, 그 과정에서 누적된 스트레스와 피로로 인한 공황장애와 우울증 때문에 삶의 모든 것을 내려놓고 싶을 정도로 힘들어하는 분이었습니다.

이러한 상황에 맞는 정신적 치유, 상담 분야 전문가 도움을 받으셨지만, 한 편 또 저와의 인연으로 코칭을 하며 치유를 넘어 툭툭 털고 일어나 지금 겪고 있는 '역경'을 '경력'으로 만들 수 있을지 함께 이야기를 나누었습니다. 그러한 과정에서 모든 것을 내려놓는 것에서 회사를 그만두는 것으로, 회사를 그만두는 것에서 잠시 마음 병가 휴직을 하는 것으로, 단순 휴직이 아니라 지금의 자신을 만들어준 잠재된 내 안의 소중한 자원을 되돌아보며 휴직 기간을 그냥 도피가 아닌 어떻게 변화와 성장의 계기로 어떻게 만들 것인지 함께 생각과 고민을 나눈 기억이 납니다.

이렇게 어려움을 겪는 분과의 대화 속에서 나도 부족함이 많은 사람이지만 다른 사람의 내면에 있는 빛을 어떻게 함께 찾고, 불태우는 동력으로 바꿀 수 있을지, 저에게 용기를 주고 나아가 이 분을 북돋워 줄 수 있었던 것은 바로 실전적인 NLP Tool들이었습니다. NLP라는 용어 자체에 'P'가 Program을 의미하며 실제 어떠한 상황에서 어떻게 효과적으로 활용할지 스스로 그 의미와 효과를 체험하고 활용할 수 있도록 체계화되어 있습니다.

앵커링, 타임라인, 리프레이밍 등을 실습하고 체험하며 마음에 큰 울림을 주었던 방법론들이 생각이 납니다. 이러한 체계적인 방법론들은 여러 어려운 상황에서도 'Because of'(~때문에)로 고정형 마인드셋, 닫힌 사고, 수동적, 소극적이 아닌 'Despite of'(그럼에도 불구하고)로 성장형 마인드셋, 열린 사고, 능동적으로 만드는 힘을 만들어주는 것 같습니다. (『변화와 성장을 위한 NLP의 원리 1』 참고)

+ ## How NLP?
NLP를 어떻게 활용하고 있는가? (To-Do)

지금까지 NLP를 통해, 'To-Be' 어떻게 바뀌어 가고 있는지, 어떠한 영향력을 가질 수 있게 되는지를 적어보았습니다. 실제 NLP는 우리의 삶을 풍요롭게 해주는 도구로 활용되고 있으며, 대표적인 효과는 다음과 같이 설명할 수 있습니다.

첫째, Self awareness & mindfulness : 자신을 객관화, 나아가 변화를 창조하는 힘

둘째, Successful Relationships : 충만한 관계창조와 유지

셋째, Power of Language : 언어/비언어 메시지를 자유롭게 구사, 타인의 변화/성장 촉진

넷째, Managing Emotions : 감정 상태를 최상의 상태로 변화, 감정의 노예가 아닌 주인

다섯째, Outcome Focus : 원하는 상태와 목표에 집중/창조하는 힘

저는 개인 삶에도 적용하고 있지만 저 자신은 물론 타인의 변화와 성장을 돕는 코치로 성장하기 위해 NLP의 5가지 효과들과 이를 위한 다양한 방법론들을 아래와 같이 코치의 실천 항목으로 정리하고 활용할 수 있도록 노력하고 있습니다.

첫째, Self awareness & mindfulness :
자신을 객관화, 나아가 변화를 창조하는 힘

① 코치로서 Ego 내려놓기

우리는 우리만의 독특한 방식으로 우리 주변에서 일어나는 현상들에 대해 진정한 의미를 부여한다. 같은 현실 안에서도 각자 서로 다른 현실을 경험한다는 사실을 이해하게 되면 다른 사람들에게 동일한 방식으로 현실을 바라보라고 강요하지 않게 된다. 우리가 이해하고 있는 바는 우리 주변에서 일어나는 현상에 대한 진리가 아니라 그 현상에 대한 다양한 해석 중 하나일 뿐이다.

둘째, Successful Relationships :
충만한 관계창조와 유지

② 클라이언트의 신념을 경청하며 코치로서 함께 성장하기

대화 상대방이 거리낌 없이 자신의 신념체계를 드러낼 수 있도록 하면 대화를 하면서 듣는 일에 더 많은 시간을 할애하게 된다. 다른 사람이 특정 상황을 어떻게 바라보는지, 그 상황에서 어떤 의미를 발견해내는지를 잘 듣는 가운데 우리는 무엇인가를 배우며 성

장하게 된다는 것을 알게 된다.

③ 코치로서 아이와 같이 열린 마음을 가지고 클라이언트에 대해 호기심 가지기

아이와 같은 마음으로 사물을 보면, 삶 속에 존재하는 모든 것들에 마음을 활짝 열게 된다. 이러한 경이로운 환경에서 살아간다면 세상을 열심히 탐색하는 과정에서 긍정의 질문들이 자연스럽게 솟아나게 된다. 클라이언트를 위해 무엇이 옳은지 또는 최선의 것인지를 우리가 미리 알고 있다고 전제하고 클라이언트와 이야기를 시작하면, 이미 여러 가지 가능성뿐 아니라 우리의 보다 개방적인 이해 능력을 위축시키는 것이다. 이해한다고 단정하는 순간 호기심은 발동되지 않는다. 마음에서 솟아나는 질문에 제한을 두지 않고 계속해서 질문하면 호기심과 경탄은 고조된다.

셋째, Power of Language :
언어/비언어 메시지를 자유롭게 구사, 타인의 변화/성장 촉진

④ 대화와 언어를 통해 미래를 창조하는 코치로서 존재감과 영향력 인식하기

우리가 창조하는 현실, 그리고 자기 자신에 대한 이해는 언어를 통해 이루어진다. 현실을 만들어가는 행위인 구성은 주로 대화를 통해 창조된다. 이를 위해 긍정적 영향을 주는 언어의 힘을 활용해야 한다.

⑤ 최상의 상태에 대한 긍정 질문 활용하기

긍정 질문은 최상의 상태에 관해 물어본다. 이러한 질문은 우리에게 괜찮은 것, 제대로 작동되는 것, 우리가 절실히 원하는 것을 바라볼 것을 요구한다. 핵심 긍정성이란 어떤 사람 또는 조직이 갖고 있는 지혜, 성공적인 전략, 최상의 실천 방법, 기술, 자원 및 역량 등의 속성을 포함한다. 예를 들어 올 한 해를 되돌아볼 때 어떤 것이 최고의 순간이라 할 수 있습니까? 그것이 최고의 순간이라 생각하는 이유는 무엇입니까? 또는 지금까지 책에서 읽은 것 중 가장 마음에 드는 부분은 무엇이며, 그 이유는 무엇인지요? 등과 같은 질문은 보다 깊이 있는 탐색을 가능하게 하며, 현상을 이해에 있어 보다 큰 변화를 가져올 수 있다.

넷째, Managing Emotions :
감정 상태를 최상의 상태로 변화, 감정의 노예가 아닌 주인

⑥ 클라이언트가 핵심 긍정성을 찾고 이를 통해 긍정적 감정을 가질 수 있도록 지원하기

핵심 긍정성이란 자신이나 조직 안에서 발견되는 지혜, 지식, 성공적 전략, 긍정적 태도와 정서, 가장 잘 처리된 일, 기술, 자원, 그리고 능력으로 정의된다. 핵심 긍정성은 곧 조직이 가장 잘하는 것, 가장 자랑스러워 하는 것이며, 그 안에서 긍정적으로 여겨지는 것들이다. 이러한 긍정적 감정은 개인의 사고 범위를 넓혀줄 뿐만 아니라 강점, 회복 탄력성 및 신체적, 사회적, 지적, 심리적 자원 구축

에 도움이 된다.

⑦ 클라이언트의 강점 발굴하고 그것을 원동력으로 하기

우리의 강점과 흥미를 발견하고 그것을 원동력으로 삼을 수 있는 다양한 방법들이 있다. 자신의 강점에 대해 알 필요가 있고 그것들을 가능한 삶의 많은 부분에 통합시킬 방법들을 찾아야 한다. 이는 우리가 약점을 고치려고 노력하는 것보다 우리 삶에서 더 큰 성공과 즐거움을 가져다줄 것이다.

다섯째, Outcome Focus :
원하는 상태와 목표에 집중/창조하는 힘

⑧ 코치로서 성공, 긍정, 해결을 위한 포인트에 초점을 유지하기

우리가 집중해서 바라보는 것은 그것이 무엇이든 성장하거나 우리 경험 중 큰 부분을 차지하게 된다. 문제에 집중하면 더 많은 문제가 발견되고, 성공의 경험에 집중하면 더 많은 성공이 발견된다. 눈앞의 현실을 창조하는 수많은 길 중 어느 한길을 선택하게 되면 그 길을 따라 현실이 창조되는 것이며, 그때 배제된 나머지 길에 놓인 현상은 현실이 아니다. 우리가 성공에 대해 연구하기로 하면 조직 또는 회사 내에서 성공의 사례들을 발견해낼 뿐 아니라 성공을 창조해낼 수 있다.

⑨ 클라이언트가 원하는 것, 향하는 것을 깊이 있게 발굴하고 집

중하기

　우리가 진정으로 원하는 곳에 주의를 집중하면 그것을 더 많이 만들어낼 수 있다. 반면, 우리가 원하지 않는 것에 주의를 집중해도 그것 또한 많이 만들어낼 수 있다. 피하려고 생각하기보다는 향해서 나아가려고 생각하는 것이 훨씬 더 강력하다는 것이다. 무엇인가를 향해 나아가려고 하는 생각은 우리가 원하는 형상이나 이미지를 만드는 것을 의미하며, 피하려는 생각은 원하지 않는 것을 제거하고 고치는 방법을 생각하는 것이다. 앞으로 나아가는 전향적인 생각은 창의적인데 반해, 피하려는 생각은 파괴적이다.

　⑩ 큰 변화를 위해 작은 것에서 출발하도록 지원하기, 작은 변화를 시작으로 지속적인 점진적 변화 유도하기(Incremental Change)

　우리가 변화로 인식하는 것은 실제로는 잔잔한 일상 중에 진행되는 많은 작은 변화들이 복합적으로 쌓여 우리가 변화가 일어났다고 믿는 지점에까지 이른 것이라는 사실을 간과하기 쉽다. 이렇게 경험들이 확대되어 가는 과정에서 발생하는 작은 변화가 최종적 변화에 영향을 줄 수 있다. 일단 작은 긍정적 변화가 일어나게 되면, 사람들은 낙관적으로 생각하게 되고, 더 많은 변화를 위해 도전할 수 있는 자신감을 얻게 된다.

✦ Who NLP? 많은 분들께 NLP가 New Life Program이 되기를

이름도 생소하고 솔직히 무슨 내용인지도 모르고 이끌리듯 다른 분들의 추천으로 접했던 NLP는 저에게 앞으로 큰 모멘텀이 될 것 같습니다. 앞서 소개했던 NLP의 5가지 효과를 통해 많은 분들이 더욱 행복해지길 바라며 스스로 성장하는 데 있어 삶의 나침반과 지도로 그리고 How-to로 활용되기를 희망합니다.

> "우연히 잘못 탄 기차가 때로는 우리를 목적지에 데려다준다."
>
> – 파울로 코엘료

6장

김수빈

NLP 전제,
실패는 피드백이다

'인간은 성공하도록 만들어졌고, 우주는 그 성공을 지원한다'는 글을 읽은 적이 있다. 무한한 가능성을 지닌 인간은 성공하도록 만들어진 존재라는 희망찬 공감과 더불어 그렇다면 이미 성공하도록 만들어졌는데 (심지어 우주가 지원까지 한다는데) 왜 우리는 사는 게 때때로 어렵고 힘들까 궁금했다.

NLP는 인간을 온전한 존재로 여긴다. NLP 전제는 NLP를 배우기 위해 '그렇다 치고!'로 받아들이고 시작하는 내용, 말 그대로 전제(前提)이다. 대부분의 NLP 전제는 그것을 접하지 않은 사람에게도 좋은 문구 정도로 쉽게 이해가 된다. '행복은 우리가 만나는 사람에 의해 결정된다' 또는 '모든 인간의 행동에는 긍정적인 의도가 있다' 등이 그러하다. 내가 알고 있는 46가지 NLP 전제 중에 '실패는 피드백(feedback)이다'는 가장 짧은 문장이다. 그 짧은 문장을 요즘 자주 되뇌게 된다. 따뜻한 격려로 다가오는 까닭이다.

⊕　　**실패와**
　　　피드백

우리 각자의 인생을 한 편의 영화로 만든다면 어느 하나 눈물 나지 않는 이야기는 없을 것이다. 비교적 평범하고 수월해 보이는 삶의 이면에도 타인에게 들키고 싶지 않은 자기만의 십자가는 존재할 테다. 실패는 무엇일까? 우리 각자는 실패를 어떻게 정의하는지 나아가 실패가 유의미한 피드백이기 위해서 무엇을 어떻게 하면 좋을지에 대해서 나누고 싶다.

실패는 무엇일까? 언어에 있는 힘을 체험할 수 있도록 실패라는 단어가 풍기는 맛이 있다. 실패(失敗)의 사전적 정의는 일을 잘못하여 뜻한 대로 되지 않거나 그르치는 것을 의미한다. 반대말은 아마도 성공(成功)이다. 사전적 정의와 별개로 실패와 성공에 대한 개인적인 정의나 신념은 저마다 다를 것이다. 나는 나의 역할과 책임을 다하고 싶다. 내가 욕망하는 것은 성실하게 성취하기를 원하고 소중한 사람에게 그러한 노력과 실력을 때로는 인정받고 싶다. 하지만 그런 마음과 달리 뜻대로 되지 않는 현실의 경우는 많다. 애써서 마무리를 지었지만 만족스럽지 못했던 순간들이 분명히 있다. 그렇게 아쉬운 마침표로 나만의 실패는 은밀하게 기억되기도 한다.

실패를 해체해보고 싶다. 목적한 바를 이루는 것이 성공이라면 이루지 못한 모든 경험은 그저 실패일 뿐인가? 노력했지만 잘되지 않았던 무수한 경험은 무엇도 남기지 못한 채 공허하게 증발했을까? 병이 드는 것은 건강의 실패이고 이별은 실패한 사랑일까?

성공과 실패를 재구성하자. 사회 혹은 타자가 규정하고 판단하는 성공과 실패에 휘둘리지 않는 나만의 이해와 배움이 필요할 것이다. 천인천색 만인만색인 실존적 관점에서는 자연스럽고 당연한 일이다. 자신만의 고유한 정의와 가치를 정립하기 이전에 사회에 의해 규정된 성공과 실패를 학습하는 것은 아닐까? 받아쓰기 점수부터 연봉의 숫자까지, 다른 사람과 비교하며 절망할 여지는 지뢰밭처럼 삶의 곳곳에 숨어 있다. 성공이 한 발자국 앞에 있는데 실패라는 허물에 사지를 묶인 채 주저하고 있는 것은 아닌지 나와 주변을 돌아볼 필요가 있다. 지극히 주관적인 기준으로 우리 자신을 때로는 서로를 실패자로 쉽사리 판단한 적은 없는지 반성해본다.

장래희망이 축구선수인 어린이 A는 축구 대회에 참가하며 반드시 자기 팀이 이길 것이라고 믿고 승리를 원했다. 그러나 실력 차이로 혹은 운의 부족으로 경기에서 참패했다. 뜻한 바를 이루지 못했으니 아이의 입장에서는 낯선 실패를 경험한 것이리라. 구직 중인 B는 입사를 희망하는 회사의 취업 공고를 보고 면접을 보았다. 아쉽지만 불합격이라는 소식을 들었다. 분명히 이번 구직은 성공적이지 않았다.

A와 B의 생각과 행위가 여기에서 멈춘다면 그들의 인생에서 실패라는 하나의 사건을 경험한 것이다. 하지만 과거의 쓰디쓴 패배를 바탕으로 어린이 A가 더욱 진지한 자세로 연습하고 팀워크를 배워간다면 이것은 다음 경기를 향한 탄탄한 준비가 된다. B가 구직 실패로 마침표를 찍는 것을 넘어서 자신의 현재를 인식하고 부족한 점을 보완하며 다음을 기대할 수 있다면 이 지점에서 실패라는 경

험은 귀한 피드백으로 변성할 것이다.

우리의 경험은 그 자체로 배움이 되지는 않는다. 풍부한 경험은 개인에게 중요한 자원이지만 경험 그 자체는 좋고 나쁨이 없는 가치 중립적인 성질의 개별적인 사건일 뿐이다. 경험을 통한 감정과 상황은 주관적 인식을 통하여 해석된다. 예상하지 못한 시점에 구조 조정으로 인해 퇴사하게 된 직원을 향해서 '아이고, 저분 이제 어떡하지…'라는 마음이 올라온다면 빠르게 Epoché(판단중지)를 외쳐야 할 것이다. 자신의 틀로 타자를 해석하고 판단하는 것을 멈추라. 어떠한 사건도 실패와 동일하지는 않다. 이겨내기에 힘든 일이고 부정적인 감정이 올라오는 순간에도 센터링(Centering)하며 열린 마음으로 상황을 긍정하고 직시할 필요가 있다. 예로 든 구조 조정 대상자라는 하나의 사건은 성찰과 배움에 따라 더 나은 직장과 자유를 얻는 기회가 될 수도 있기 때문이다.

✦ **실패는 어떻게
가치 있는 피드백이 되는가?**

옳고 그르다, 좋고 나쁘다 등의 판단을 유예해야 한다. 감정의 노예가 아니라 감정의 주인인 상태에서 경험을 통해 올라오는 그것을 마주한다. 개별의 사건을 해체하고 사유하며 맥락 안에서 배움을 구해야 할 것이다. '왜 나에게 이런 일이 생겼지?'에서 벗어나 '(실패라고 여겨지는) 이 일이 나에게 주는 의미는 무엇일까?'라는 질문을 하는 것이다. 쉽지는 않기에 지속해서 연습해야 한다. 메타인지로 자신과 사건을 관조하며 하나의 성찰이 묵직하게 올라올 때 그것은 단순한 실패를 넘어선 깨달음이 될 것이다.

로또 당첨을 인생 역전으로 여기는 많은 사람들 중에는 로또 당첨 이후 파산하는 사람도 있다고 한다. 행복이 보장될 줄 알았는데 나아진 것이 없을 뿐 아니라 오히려 파산을 경험하는 것이다. 반면 충격적이고 심각한 외상 사건을 경험한 이후에도 이에 대처하고 적응해가는 과정에서 긍정적인 변화와 성장을 이루는 사람도 존재한다. 외상 후 성장(Post-Traumatic Growth : PTG)을 경험하는 것이다. 중요한 것은 사건 자체가 아니다. 하나의 실패를 통해 사유하고 성찰할 수 있다면, 성찰을 통해 다음에는 새로운 시도를 할 수 있다면, 비판적 성찰이 성찰적 실천으로 이어진다면 모두가 서로에게 스승이 되고 실패조차 귀한 피드백인 것이다.

나의 성찰은 충분한가? 견문을 넓히기 위해 해외의 유명한 장소를 부지런히 돌아다닌들 스스로 깨치려는 노력이 없다면 배움은 일어나지 않는다. 조기 유학을 떠난 3살 아이는 3살 수준의 어휘에 한하여 언어를 익힐 뿐이다. 다양한 이벤트를 수집하려는 수고는 그만하여도 될 것이다. 특별할 것 없이 반복되는 일상에서도 개인의 인식에 따라 배움은 일어나는 까닭이다. 인간은 이성과 자유의지가 있기에 모든 것에 의미를 부여하는 동물이라고 한다. 감사는 '그럼에도 불구하고' 감사할 거리를 찾는 것이라는 스승의 말씀을 기억하며 나의 부끄러운 실패에 감사라는 새 옷을 입혀본다. 그리고 잠시 사색하며 성찰해본다.

윈스턴 처칠(Winston Churchill)이 남긴 문구 중에 '성공이란 열정을 잃지 않고 실패를 거듭할 수 있는 능력'이라는 말이 있다. 우리 스스로 타인과 사회가 규정한 실패에서 해방되기를 바란다. 그리고 타인의 용기를 실패로 오해하는 폄하를 멈추면 좋겠다. 아이들에게 그리고 어른들에게도 실패할 자유가 '괜찮아!'라는 격려가 허락되는 환경이 절실하다.

NLP를 알게 되고 마음공부를 하면서 실패에 대한 개념이 새로워졌다. 실패를 직면하고 인정하자는 마음가짐만으로도 조금은 용감해진 기분이다. 안정적으로 걷기까지 수없이 엉덩방아를 찧으며 넘어지고 다시 일어나는 아이와 곁에 있는 양육자의 모습을 보라. 누구도 아이에게 "또 넘어졌니? 이래서 걸을 수 있겠어?"라고 평가하거나 비난하지 않는다. 잘했고 괜찮으니 다시 해보자고 박수까지 치며 진심으로 격려한다. 걸음마는 수십 년 전에 뗐지만 제대로 걷고 있는지 여전히 불안하고 실패가 두려운, 우리는 어쩌다 어른일지도 모른다. 누구든 다시 일어나 살아가는 데 힘이 될 수 있도록 서로에게 무조건적인 인정과 지지에 조금 더 너그러우면 좋겠다.

유일하고도 유한한 인생에서 무수한 시도와 실패를 기꺼이 환영하자. 내가 정의하는 성공은 어쩌면 실패라는 퍼즐 조각으로 완성될 하나뿐인 작품이라는 것을 알기에. 무엇과도 바꿀 수 없고 누구도 빼앗을 수 없는 나만의 실패를 지금도 용기 내어 차곡차곡 쌓아간다. 실패는 우리가 능동적인 삶의 주체로 살아갈 날들에 더할 나위 없이 훌륭한 피드백이 될 것이다.

> 성공이 마지막이 아니고 실패가 치명적이지도 않다. 중요한 것은 계속할 용기이다.
>
> – 윈스턴 S. 처칠

'**나는 누구인가?**' 유수의 석학뿐 아니라 무수히 많은 사람들이 수천 년에 걸쳐 질문하고 탐구한 화두일 것이다. 2021년 상반기에 참여한 NLP는 나에 대해서 (나의 자원과 경험, 신념과 꿈에 대하여) 깊이 생각할 기회를 주었다. Inner Game, Timeline, Anchoring, Well-formed Outcome 등 수업 시간마다 다양한 도구와 방법을 동원하여 나라는 존재의 본질에 대해서 성찰을 (해야) 했다. 어느 날은 어린 시절의 추억을 더듬고 다른 날은 60살이 된 나를 상상했다. 시공간을 초월한 나와 마주하는 과정은 설렜지만 때로는 불편한 순간도 있었다. 분명한 것은 나라는 존재를 그토록 밀도 있게 관찰하고 탐색한 적은 처음이라는 깨달음이다.

나를 알아가는 여정이지만 혼자서 할 수 있는 것은 없었다. 나의 자원과 경험, 신념과 가치를 알아가는 과정에는 늘 함께 공부하는 스승님이 계셨다. (같이 공부하는 분들을 모두 스승님이라고 칭했다. 모두가 서로에게 스승이다. 마음을 열고 몰입하는 여러 순간에 커다란 배움이 올라온다.) 스승님과 함께 작업했던 적자생존 10단계는 특히나 의미 있는 수업으로 기억에 남는다. 이 과정은 더욱 완성도 높은 나만의 목표를 설정하기에 매우 유용한 도구이다. 전체 10단계로 진행되며 그 첫 번째는 '자신의 목표를 적고 그 목표가 정말로 원하는 것인지'를 확인하는 단계이다.

그 목표는 진정으로 자신이 원하는 것인가요? 언뜻 보면 '네 또는 아니오'로 답할 수 있는 단순하고 쉬운 질문이다. 그러나 가족이 좋아할 것 같아서 또는 사회에서 인정받는 모습이라는 이유라면 1단계를 통과할 수 없다. 직관적이고 입체적으로 깊이 사유해야 했다. 진정으로 내 가슴이 뜨겁게 원하는 목표가 무엇인지는 지난한 내적 대화를 통해서, 새로울 것 없는 나를 새롭게 인식하며 탐구한 후에 비로소 답을 할 수 있었다.

나는 누구인가?

동사로 표현할 수 있는 나의 꿈은 무엇일까?

그래서 나는 결국 어떠한 존재가 되고 싶은가? 왜?

당시의 노트를 뒤져보니 '지속적으로 학습할 힘을 키우며 한 분야의 진정성 있는 전문가가 되고 싶다'는 끄적거림을 보인다. 한 분야는 정확히 어떠한 영역을 말하는 것인지, 진정성 있는 전문가는 구체적으로 무슨 맥락인지 모호하다. 그럼에도 불구하고 이후의 2단계부터 10단계까지 과정이 진행될수록 설렘으로 떨렸던 목소리와 감정은 아직도 기억이 나는 듯하다.

적자생존 10단계 과정 중에는 목표를 긍정문이자 현재형으로 기술하고 이 내용을 왜 나의 목표로 설정했는지 5가지 이상의 이유를 적어야 했다. 목표를 달성한 내 모습을 오감을 총동원하여 상상하며 충분할 정도의 글로 적고, 내용을 스승님과 함께 읽는 작업으로 이어졌다. 이미 원하는 바를 성취한 60살의 나. 그의 모습과 하루를 마치 보이고 들리고 만질 수 있을 듯 또렷하게 적어보고 그 모습으로부터 인사이트를 얻는 과정은 '오래된 미래'와 같았다.

매 순간 깨어 있으며 원하는 상태에 집중하게 하는 NLP를 알아갈 수록 학교 안 아이들에게 이러한 시간이 마련되면 좋겠다는 생각을 했다. 생물학적으로 어른이 된 지 한참 후에 참여한 과정에서도 미래의 나를 만나는 시간은 벅찼다. 거침없이 무엇이든 상상할 수 있는 아이들에게 자신이 진정으로 원하는 모습과 중요한 가치를 탐구할 기회를 주면 어떨까? 삶에는 좋은 성적보다 더 좋은 것이 많다. 그리고 우리 모두는 지금 이 모습 자체로도 온전하고 충분하다.

실제로 자신의 가장 중요한 가치를 파악하고 그것이 왜 중요한지 설명하도록 요청받은 학생들이 더 높은 학업 성적을 얻었다는 연구 결과를 본 적이 있다. 카우프만(Kaufman S. B)의 저서 『트랜센드』에 나오는 또 다른 연구에서는 중학교 2학년 학생들에게 미래의 가능한 최상의 자신을 상상하고, 그 모습을 실현하는 과정에서 예상되는 장애물을 나열한 다음, 그러한 장애물을 극복하기 위해 사용할 전략을 설명하도록 요청했다. 그리고 그 결과 해당 학생들이 학업에서 훨씬 더 강한 자기주도성을 보이며 성취도 역시 높다는 결과를 확인했다고 한다. 미국의 연구 결과이지만 우리 아이들도 다르지 않을 것이라고 조심스럽게 예상을 해본다.

✦ 우리는 과정적인 존재 (being-in-becoming)이다

우리는 불확실한 시대에 살고 있다. 당면한 문제가 다양하고 불확실하기에 명확한 정답도 부재한 시대이다. 변동적이고 복잡하며 불확실한 환경에서 'A를 하면 B가 된다'는 명제의 A와 B는 무엇일까? 선험적으로 주어진 각본 대신에 우리는 자기만의 고유한 정답을 만들어가야 하지 않을까?

인간은 완성된 결과물이 아닌 평생에 걸쳐 자신을 창조해가는 과정적인 존재이다. 우리는 언제나 미완인 상태로 변화하며 성장하는 과정에 있는 것이다. 이렇게 인생이 최상의 자신을 향해 나아가는 여정이라면 NLP는 가장 좋은 자신을 이해하는 지점에서 최고의 길잡이가 될 것이다. 타인의 변화와 성장을 지원하는 코치가 되고 싶다는 꿈의 기저에는 '끊임없이 배우고 성장하고 싶다'는 욕구가 있음을 NLP를 통해서 알게 되었다. 미래를 위한 준비가 되는 수단적인 공부가 아니라 순수한 앎에 대한 욕망이 있으며 그것을 충족시키는 행위가 해방적 즐거움이라는 것을 지금도 천천히 알아가는 중이다. 가장 익숙한 나를 탐색하며 가장 새로운 나를 만나는 기쁨, 나에게 NLP는 그런 의미이다.

삶은 스스로 만들어가는 고유한 이야기이고 노래이고 그림이다.
타인의 해석과 판단은 그들에게 맡긴 채 고유한 자신의 작품을 확장해가자. 누가 뭐라고 하든 '그렇다 치고' 나의 이야기를 기꺼이 이어가고 싶을 정도의 흥미와 재미, 그리고 의미를 자신의 인생에서 발견하는 것이 우선이라고 믿는다. 삶은 예술이고 우리 모두는 하나뿐인 예술 작품의 창조자이다.

나무가 춤을 추면 바람이 불고, 나무가 잠잠하면 바람도 잔다는 윤동주의 시를 음미한다. 바람이 불어 흔들리는 나뭇잎과는 다른 시선이다. 삶의 주체로서 충분히 능동적인지 허락된 창조성을 맘껏 확장하고 있는지 반추하며, 깃털처럼 가볍게! 배움 공동체와 신나게 인생을 사유하고 감사하며 오늘 하루를 정성껏 가꿀 것이다.

7장

한대경

내면의 정신세계와
이성적인 과학적 지식의 기로에 서다

일반적 시선으로 바라볼 때 내면의 세계와 과학적 지식을 비교하게 된다면 어떤 생각이 들게 될까? 아마도 내면은 무언가 증명되지 않은 심오한 신비함으로 가득 차 있으며, 무궁무진한 아직 끝이 밝혀지지 않은 우주와 같은 의미로 받아들여지는 반면, 과학적 지식은 이미 밝혀진 사실을 토대로 다음 단계를 진행하기 위한 낡은 정보처럼 느껴질 것이라 생각된다. 그렇다고 낡은 정보가 무언가 단어의 의미에서 느껴지는 바와 같이 필요하지 않은 존재는 아니다. 과학적 지식이나 현상이 우리의 윤택한 현실을 살 수 있게 해주었으며, 앞으로도 밝혀질 사실과 현상은 우리를 더 나은 삶으로 이끌어줄 것이다.

그렇다면 이런 과학적 지식과 내면의 정신세계는 어떠한 관련이 있는 것일까? 앞서 말한 것처럼 우리 주변에서 눈으로 보는 현실과 정보, 그리고 과학적 지식이 모든 것을 해결해줄 것으로 보이는데 굳이 내면을 생각하는 것인가 하는 의구심이 이성적인 생각을 넘어 감성적인 방향으로 점차 흘러가는 이유가 무엇인지 궁금해지기 시작했다.

직업이 수의사였던 나로서는 현실의 이론과 정보, 과학적 소견만으로 모든 세상을 바라보며 눈에 보이는 것 그리고 손끝으로 만져지는 것, 어떠한 냄새, 들리는 소리에만 치중하며 살아왔다. 그러던 중 경영대학원 수학과정에서 코칭을 접하게 되고 사람의 내면에서 저 멀리 감춰진 무언가를 수면으로 가져오는 현상을 바라보며 처음에는 '이게 정말 가능한 일인 것일까? 그냥 원래 생각하고 있던 것을 찾은 것처럼 서로 맞추고 있는 것은 아닌지…'라는 조금은 불신의 순간을 겪었으나, 점차 나도 나의 내면에 무엇인가 감춰져 있고 이것을 끄집어내어 표현하는 것을 경험하면서 그동안 절대적으로 믿고 있었던 이성적인 '과학 지식만이 전부일 것이다'라는 편견의 틀을 깨고 나오게 되었다.

그렇다면 과연 나의 내면 정신세계는 어떻게 형성되고 지금 이렇게 유지하고 있으며, 앞으로는 어떻게 변화하고 반응하여 나의 삶에 영향을 미치게 될 것인가? 이것을 좀 더 알아볼 방법은 없을까? 코칭을 넘어 그다음에는 무엇이 존재하고 있을까? 내면의 세계를 알아보려면 누구의 도움이 필요할까? 이런 여러 궁금증이 많던 도중 우연히 아주대학교 이성엽 교수님이 강의하시는 NLP(Neuro Linguistic Programming)를 접하게 되었다. 사실 아주대 경영대학원에 입학하면서부터 여기저기서 NLP는 꼭 들어봐야 한다는 말을 많이 접해온 터였다. 후일에 알게 되었지만, 사람의 내면을 공부함에 있어 두리뭉실한 이론이 아닌 과학적 지식이 뒷받침해주고 있다는 사실은 과학적 지식만을 공부해온 나에게는 적지 않은 충격이었다. 소위 말하는 '이게 돼?' 바로 이것이었다. 지금 글을 써 내려가고 있는 내가 또 다른 수의사나 과학자에게 이런 학문과 지식이 우리의 과학을 뒷받침하고 그 현상을 규명해주고 있다 한다면 즉흥적으로 납득하기란 쉽지 않을 것으로 내 경험상으로 볼 때 그렇지 않을까 한다. 물론 그중에는 넓게 열린 마음으로 '그럴 수도 있어'라 말하며 받아들이는 사람도 있을 것이다. 2021년 여름에서 시작하여 가을을 지나 겨울을 맞이하기까지 약 4개월에 걸친 나의 NLP프렉티셔너 과정은 내면 세계 여정의 신호를 알리면서 시작되었다.

✦ 유년 시절의 기행
- 무뎌진 나의 가슴에 숨은 기억을 깨우네

대학 시절 가수 '아낌없이 주는 나무'의 유년 시절의 기행을 들으면서 20살이라는 어린 나이에도 국민(초등)학교와 10대의 시간을 그리워했던 일이 생각난다. 꾸밈없고 세상 모든 것이 아름다웠으며, 정말 걱정할 것이 없었던 그런 시절이 어쩌면 이제 사회생활의 첫발을 내딛는 곳이라 할 수 있는 대학이라는 곳에서부터 향수로 작용한 것이 아닌가 싶다. 이제 그것을 처음으로 걱정하던 시간보다 더 많은 시간을 보내온 나로서는 20살의 내 모습을 다시 한 번 그리워하면서 잠시 감상에 젖어본다. 작은 제목의 말과 같이 무뎌진 나의 가슴에 숨은 기억을 깨운다는 말이 의미하는 것은 무엇일까? 아마도 이 곡의 작곡가는 본인이 알게 모르는 사이에 내면에 가지고 있는 어떠한 잠재성이나 자원에 대해 이렇게 표현할 것이 아닐까 추측해본다. 물론 감성적인 부분으로 이 대목을 해석할 수 있기도 하나 NLP의 관점에서 바라본다면 과거의 자원을 가져다

현재의 나에게 적용하고 미래에 성장해 나가는 발판으로 삼는 NLP의 자원개발 이론 중 앵커링(Anchoring)이라 할 수 있겠다. 특히 가슴에 숨은 기억이라는 말은 경험이나 기억이 저 내면 깊숙한 곳에 숨어 있다가 어떠한 계기로 다시 수면으로 올라오면서 이러한 과거의 자원을 이용해 현실을 통찰하고 해결방안을 본인 스스로 마련해 나가는 것이라 할 수 있다.

나에게 가장 인상 남는 앵커링은 지금 일터에서 바라보았던 맑고 맑은 구름 한 점 없던 입사 면접날의 푸른 하늘이다. 30대 중반이라는 나이에 새로운 직장을 구함에 있어 반년 동안의 구직 활동은 무엇보다도 나를 힘들게 하였다. 여러 가지 사정으로 개인 사업을 접어야 했던 나는 '그래 26살부터 지금까지 힘차게 달려왔으니 조금은 쉬었다 다시 뛰자'는 생각에 구직에 대해 조금은 느슨한 생각을 하고 있던 터였다. 원래 음식도 먹어본 놈이 맛을 안다고 쉴 틈 없이 일하기만 하던 내 몸과 마음은 결국 한 달 쉬기를 견디지 못했다. 다시 일을 어떻게 어디서부터 해야 하는가에 대한 불안한 마음이 계속해서 나를 괴롭혔고 점점 줄어드는 통장의 잔고는 한층 내 마음을 더 조급하게 일을 해야 한다고 채찍질하기 시작하였다. 결국 이리저리 구직 활동을 하고 겨우 얻은 지방 대학의 계약직 교수 자리는 하늘에서 내려온 가느다란 동아줄 같았다. 하지만 가느다란 동아줄은 동아줄일 뿐 나를 그 위로 끌어올리지 못하고 허공에서 손을 허우적거리면서 더 높은 곳을 잡으려고 발버둥 칠 뿐이었다. 정규 교수직의 기회를 누군가의 훼방과 책임 회피의 희생양으로 날려버리면서 그 당시 내 마음은 삼도천보다 더 깊은 곳으로 빠져들어 가고 있었다. 한참을 힘들어하고 있을 때 한 지인이 나에게 "한 선생, 인생은 새옹지마야 지금 해야 할 일과 고민이 내 앞에 있는 종이에 너무나도 많이 쓰여 있다면 그 책장을 넘겨버리면 돼. 그 뒷장은 백지이니까 다시 한 선생이 써나가면 돼." 이 말을 듣는 순간 정말 눈앞이 밝아지는 현상을 체험했다. 어둡고 좁았던 시야가 한순간에 퍼지면서 앞날이 다시 보이기 시작했다. 지금 생각해보면 수많은 NLP의 전제 중 '불안에서 도망칠수록 불안은 더 깊이 파고든다'는 것이 그때의 상황과 맞지 않았나 생각된다. 이렇게 NLP는 과거에도 나의 삶 속에서 존재하고 있었다. 그 전환점을 계기로 나는 다시 다른 일을 찾기 시작했고 약 6개월이 지나 지금의 일터에 정규직원으로 면접을 보게 되었다. 면접을 무사히 마치고 주차장으로 향하던 도중 우연히 봤던 그때의 맑고 맑은 구름 한 점 없던 여름의 하늘은 내 가슴을 벅차게 했다. '아! 이곳에서 정말 일하고 싶다!' 긍정의 에너지가 흘러갔는지 몇 분이 지나지 않아 마치 드라마처럼 인사팀으로부터 연락을 받았다. 그날 바로 근로 계약서에 서명하고 다시 주차장으로 돌아오면서 느꼈던 벅찬 감동은 지금도 생생하고 직장에서 힘든 일이 있을 때 그때와 같은 장소에서 맑은 하늘을 바라보면 다시 열심히 하자라는 열정이 되살아나곤 한다.

아주대 의과대학 전경, 입사지원 당시와 비슷한 하늘색

아마도 내가 계속 지금의 일터에서 근무하고 있고 직장의 복지 정책으로 경영대학원에 진학하여 NLP를 배우게 된 것도 나의 인생이 흐름에 따라 흘러가는 것이 아니었는지 조심스레 생각해본다. 때론 잘못 탄 기차가 나를 새로운 세상으로 이끌어준다는 말에서 과학만을 습득하고 그것만을 전부로 알아온 나에게 또 다른 세상을 보여줌으로써 한층 더 성숙하고 어쩌면 과학을 좀 더 잘할 수 있게 해주는 밑거름이 되는 것이 아니었나 생각해본다.

⊕ **용기란 두려움이 없는 게 아니라**
   두려움을 이겨내는 것이다

어릴 적 나는 참 겁이 많은 아이였었다. 한참 강시와 홍콩 할매가

유행하면서 저녁엔 빛이 없는 어두운 골목길을 혼자 다니기 무서 웠고 전설의 고향을 보는 날에는 어김없이 잠을 설치곤 했다. 그 당시 어린 나에게 용기란 그저 철봉에 올라서는 일, 선생님 질문에 과 감하게 손드는 일 정도가 아니었나 싶다. 무서운 밤길을 지나갈 때 언제 뛰어들어갈까 한참을 망설이며 앞으로 한 걸음 나아갔다가 다시 뒤로 두 걸음 물러나고 결국엔 집안에서 누가 데리러 나와야 그 골목길을 지나갈 수 있었다. 지금이야 생각해보면 밤길보다 무서운 건 사람 아니냐고 말할 수 있을 정도로 나이가 점점 쌓여가고 있지만, 그 당시에는 그것을 이겨내는 것만큼 나에게 큰 산은 없었던 것 같다. 결국 몇 번의 시도 끝에 어느새 혼자 밤 골목을 다닐 수 있었고, 그것은 나에게 마치 홍역에 한 번 걸리면 다음에는 걸리지 않는 것과 같이 용기가 몸의 일부로 인식되는 면역이 생긴 것과 같았다고 회상된다. NLP의 전제처럼 두려움이 없는 것이 아닌 실제로 그것을 이겨낸 것이었다. 이렇게 생각해보면 과거나 현재 나에게 일어났었고 지금도 벌어지고 있는 일들이 미래에 또 다른 전제의 바탕이 될 수도 있을 것 같다. 지금은 내 무의식 속에 숨어 있어 어떻게 표현할 수 없으나 은연중 하는 말과 행동, 그리고 생각이 또 다른 전제 중 하나일 수도 있다고 생각하니 어떤 것이 그렇게 될까 속으로 후보군들을 나열해본다.

흔히 '처음이 어려워'라는 말을 많이 사용한다. 우리에게 항상 처음이 존재한다. 현재의 나로 태어난 것도 처음이고, 가슴에 하얀 손

수건을 달고 국민(초등)학교에 입학했던 8살의 코흘리개도 처음 겪는 일이었으며, 군대로 입소한 것도 처음이었다. 지금도 나는 매일 하루하루를 처음처럼 살고 있다. 어제도 내 인생에서 있었던 처음이었고, 오늘도 처음이며, 내일도 무슨 일이 생길지 처음일 것이다. 이렇게 보면 사실 처음이란 것은 어렵지 않은 것일 수 있다. 내가 마음먹기 나름이며, 그것이 용기인지 아니면 일상의 마음가짐인지 그것조차도 명확한 선을 그을 필요는 없을 것이다. 그저 하루하루가 소중한 처음이며 그것을 즐길 때 두려움은 사라지거나 이겨낼 수 있고 '용기'란 두 글자로 내 마음속에 새겨지게 될 것이다.

우리에겐 살면서 많은 용기가 요구된다. 태어나서 첫돌을 지나기도 전에 일어서기 시작하면서 넘어질 것을 두려워하지 않을 용기가 요구되면서부터 운전면허 취득과 같이 무엇인가 이루기 위해 시험의 탈락이라는 고배에도 다시 도전하려고 하는 용기, '용감한 자만이 미인을 얻는다'라는 말처럼 쟁취를 위한 용기, '일곱 번 넘어져도 여덟 번 일어나라'는 시련을 이겨내는 용기, 사랑하는 누군가를 떠나 보내면서 상실의 아픔을 치유하려는 용기, 대의를 위해 자신을 희생하는 살신성인의 용기 등 수많은 용기가 우리 삶 속에 이미 존재하고 있다.

이런 것을 볼 때 왜 두려워하고 피하기만 하는지에 대해 다시 한번 생각을 바꿔볼 필요가 있다. 피할 수 없다면 즐기라는 건 결국 즐기는 자가 용기 있는 사람이 아닌가 생각할 수 있다. 우리가 롤러 코스터를 타면서 즐기지 못한다면 그것은 타지 않는 것만 못하다. 롤러코스터를 타기 전 안내원들은 눈을 감으면 더 무섭다고 안내 한다. 그 이유가 무엇인지 곰곰이 생각해보면 답이 나온다. 내 앞에 무엇이 닥쳐올지 눈을 감고 피하고 외면해버린다면 그 두려움이 더 욱 큰 공포로 다가오게 되는 것이다. 앞에서 공이 날아오는데 정확 히 바라보며 피하는 것이 아니라 눈을 감아버리고 그 자리에서 얼 어버린다면 공은 내 얼굴을 강타하게 되는 현상과 같은 것이다.

반면에 눈을 뜨고 그것을 마주하면서 다음에 무엇이 내게 올지 인지하고 있다면 익숙해질 것이며 두려움에서 즐거움으로 변하게 될 것이다. 우리네 인생은 롤러코스터와 같다. 좋은 일이 있다가 나 쁜 일이 생길 수도 있고, 기쁜 일이 있다가 슬픈 일이 생길 수도 있 는 것이다. 이러한 다양한 굴곡이 우리의 인생을 좀 더 가치 있고 아름답게 만들어주는 것이 아닌가 생각해본다.

'나만 불행해'는 행복을 받아들이고자 하는 용기가 없는 것이다. 불행만을 두려워한 나머지 곁에 있는 행복을 외면하는 것과 같다. 오늘 하루도 아프지 않고 무사히 내일로 넘어갈 수 있음도 행복이 다. 너무나도 당연한 것으로 생각하기에 우리는 그것을 행복이 아 닌 것으로 보게 되며 항상 불행하다고 생각하게 되는 것이다. 작은 것들이 모여서 큰 것이 되는 것처럼 소소한 행복을 계속 느끼게 된다면 불행은 우리 곁에 머물지 않게 될 것이다. 작은 행복을 느끼는 것, 그것도 우리에게 필요한 용기이다. 불행을 두려워하지 않는 것도 마찬가지이다. 진정한 용기는 그리 큰 것이 아닐 것이다. 나도 내 삶에서 많은 두려움과 맞서고 있다. '아, 이건 안될 거야', '내가 이걸 왜 해야 하지', '원래 못하던 거야' 등 마음속에서 이미 패배의 그림자로 칠해져 있던 것들을 하나씩 하나씩 풀어나가는 중이다. '일단 해보자 에이 인생 뭐 있겠어', '내가 아니면 누가 하리', '나만 못하는 것 아닌데 뭐' 이런 마음의 그림자를 지워나가는 중이다.

앞으로 살다 보면 누구나 지금보다 더 많은 두려움과 고난을 맞이할 수 있다. 맞서지 않고 고민만 해서 해결된다면 나는 그에게 고민만 하라고 할 것이다. 실제로 주변에서 힘든 일로 고민만 하며 줄담배를 피우는 사람들에게 자주 하는 걱정의 말 중에 "걱정해서 해결되고 담배 피운다고 해결된다면 나는 너에게 온종일 걱정하고 담배만 피우고 있으라고 말하고 싶다"라고 말한다.

삶은 우리에게 주어진 축복이다. 불교에서 말하는 윤회설을 부정하는 것은 아니지만 지금 현재를 살아가는 것은 그 무엇과도 바꿀 수 없다. NLP를 공부하면서 나는 내가 살아온 과거로의 여행을 많이 떠났었다. 내가 생각했던 것보다 나는 너무나도 행복하고 아름다운 삶을 살아왔음을 느낄 수 있었다. 특히 아날로그와 디지털의 시대를 동시에 살아오면서 각 시대만의 고유한 감성과 일상을 즐길 수 있었다. 물론 그와 반대로 힘들고 어렵고 슬픈 일도 있었지만, 그런 것 또한 내 인생의 일부였고, 그러한 힘듦이 있었기에 작은 행복마저 크게 다가왔던 것이다.

이 글을 쓰고 있는 오늘도 먼 훗날 행복한 시간으로 기억되고 내 마음속에 자리 잡게 될 것이다. 나의 내면에 존재하는 인생이란 갤러리에 어떤 그림과 작품들이 계속해서 채워질지 아직은 알 수 없다. 노력하지 않는다면 채워지지 않을 것이다. 배움은 끝이 없고 인생은 다양한 배움 속에서 흘러가게 된다. 누구나 다 나의 스승이고 주변의 어느 것 하나 하찮은 것은 없다. 내일은 또 어떤 것이 나에게 일어나 나를 새로운 곳으로 이끌어줄 것인지 궁금하며, 일주일 뒤, 한 달 뒤, 그리고 일 년 아니 10년 후의 나의 모습은 어떻게 변해 있을지, 그때의 내 삶은 어떨지 즐거운 마음으로 상상해보며 이 글을 매듭짓고자 한다.

아직은 부족한 생각과 짧은 글이지만 이 글을 읽는 모든 이가 언제 어디서든 행복하길…

- 2022년 가을밤에

8장

김윤석

NLP는 인간 우수성 개발 모델

"김 선생은 어떤 신념을 가지고 있어요?"

"완벽하다?"

"어휴…."

위의 대화는 내가 NLP라는 것을 처음 배우면서 교수님과 나누었던 이야기 중에 가장 기억에 남는 장면이다. NLP 수업 중 쉬는 시간이 되었고 교수님이 실습 중에 있었던 일에 대해 내가 가진 신념이 무엇인지 궁금하셨던 듯하다. 농담 반 진담 반으로 이야기했는데 교수님은 "어휴…"라고 하시면서 자리에서 일어나서 나가셨다. 그때 나는 젊었고 혈기 왕성했고 뭐든지 할 수 있을 것 같은 자신감이 충만했었고 매사 하는 일들이 순조로울 때였다. 그러다 보니 나도 모르게 내 속에 그런 생각이 자리하게 되었던 것 같다.

그러나 세상은 내 생각처럼 그리 만만하지 않았다. 그 이후 나는 많은 좌절과 고난을 겪었다. 인간은 완벽할 수 없다. 어딘가 부족하고 모자란 부분이 존재한다. 그래서 우리는 배움이 필요한 것이다. 교수님이 왜 그렇게 반응하셨는지 NLP를 공부하면서 알게 되었고 그 이후 나는 "완벽하다"는 말을 사용하지 않고 있다.

✦ 나의 삶에 완벽을 앗아간
NLP

자, 그럼 NLP의 어떤 요소들이 나의 삶에서 완벽이란 단어를 빼앗아 갔는지 살펴보기로 하자.

NLP를 다른 말로 표현한다면 인간 우수성 개발 모델(Model of Human Excellence)이라고 말할 수 있다. NLP는 Neuro Linguistic Programming의 줄임말로 우리말로는 '신경 언어 프로그래밍'이다. 처음 NLP라는 단어를 접했을 때 "엔엘피? 신경 언어 프로그래밍?" 무슨 말인지 도무지 예측하기가 어려웠다. 그러나 인간 우수성 개발 모델이라는 말로 바꿔 이해하니 조금 감이 잡혔다. 아마 지금 이 글을 읽고 있는 여러분도 마찬가지일 것이다.

NLP는 어떤 이론이나 학문이라기보다는 인간의 우수성을 개발하는 기술에 대한 연구라고 할 수 있다. 즉, 탁월한 사람들이 어떻게 행동하고 어떻게 변화를 만들어내고 있는지 연구하여 평범한 사람들도 이런 탁월한 역량을 쉽게 습득하고 빠르게 변화할 수 있도록 하는 것이다.

이를 위해서 사람들이 어떻게 생각하고 어떻게 사고하고 어떻게 감정을 유발하고 어떻게 행동하는지 그리고 그것들을 어떻게 지속하고 유지하는지를 아는 것이 중요하다.

똑같이 직장생활을 하면서도 누군가는 탁월한 성과를 얻고 성취감을 느끼며 조직에 잘 적응하는가 하면 똑같은 상황에서도 일을 제대로 수행하지 못하고 스트레스를 받으며 어렵게 생활하는 사람들도 있다. 이 둘의 차이는 무엇일까? 성공적으로 문제를 해결하고 우수한 성과를 얻으며 행복하게 사는 비결은 무엇이며, 그렇지 못한 경우는 무엇이고 무엇이 인간의 삶을 다르게 만드는 것인가?

NLP는 바로 이런 문제를 해결하기 위해 탁월한 성과를 만들어내는 사람들이 어떤 삶의 패턴을 가지고 있는지를 연구하는 것이라할 수 있겠다.

그래서 NLP는 똑같은 사물이나 상황을 어떻게 받아들이는지 인간의 내면을 연구한다. 즉, 우리 인간에게 들어오는 정보들을 우리가 어떻게 인지하고 그것이 어떻게 나의 경험이 되고 그것이 어떻게 나의 머릿속에서 작동하고 저장되는지 그리고 그것이 어떻게 행동으로 나타나는지를 연구하여 그런 일련의 과정을 프로세스로 만드는 것이다. 그리고 이런 프로세스에 변화를 줌으로써 우리의 인지 과정과 경험을 바꾸고 우리 머릿속의 정보들을 새롭게 전환시키고 그로 인해 똑같은 상황에서도 성공적인 방향으로 이끌 수 있도록 하는 것이 NLP의 궁극적인 목적이라 할 수 있겠다.

그래서 NLP에서는 '인지'라는 것을 중요하게 다룬다. 이것을 잘 이해하게 되면 우리가 어떻게 정보를 받아들이고 해석하고 저장하는지 알게 되고 그것을 알게 되면 우리는 삶에서 일어나는 오류를 상당 부분 줄일 수 있기 때문이다.

우리는 살아가면서 다양한 문제 상황을 겪게 된다. 그것이 크든 작든 우리는 매일 새로운 문제를 겪게 되고 그런 문제들을 하나하나 해결해나가는 것이 결국 우리의 삶이 아닌가 생각한다. 내가 NLP라는 것을 좋아하게 된 이유도 바로 이 때문이고 내 삶에 큰 영향을 미치게 된 것 그리고 지금의 내 모습을 만든 것도 NLP가 큰 영향을 주었기 때문이라고 생각한다. 물론 중간중간 다양한 요소들이 있어 지금의 내가 되었겠지만 가장 큰 영향을 미친 것은 부정할 수 없다.

✦ 생각의 전환, 삶의 방향을 바꿔준 NLP

오늘 나는 여러분들에게 NLP를 통해 내가 어떻게 생각의 전환과 삶의 방향을 바꾸게 되었는지를 이 인지 과정을 통해 설명하고자 한다. 여러분께도 생각을 전환해볼 수 있는 계기가 될 것이다. 물론 좋은 것은 그대로 유지하면 된다.

나에게 처음 NLP를 가르쳐주신 전경숙 교수님은 "받아들이기 어려운 것은 받아들이지 마라. 그거 가지고 신경 쓰지 마라. 느낌 온 것만 가지고 가라"고 말씀하셨다. 바꿀 것이 있다면 바꾸고 맘에 드는 것이 있다면 적용해보면 된다. 참고로 나는 NLP 전문가도 아니고 학자는 더욱 아니다. 교육 현장에서 일반 직장인들을 대상으로 강의를 진행하는 강사다. 그래도 그동안의 경험과 전문지식을 바탕으로 설명하고자 하니 편안하게 읽어주었으면 한다.

먼저 우리의 인지 과정을 그림과 함께 설명해보겠다.

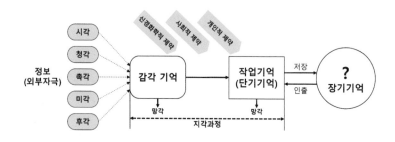

우리는 외부로부터 정보를 얻는다. 정보를 얻는 방법은 주로 시각과 청각이고 그 외 촉각, 미각, 후각 등으로 정보가 들어온다. 이런 정보는 우선 감각기억(Sensory Memory)에 저장된다. 이 중 대부분은 망각이 되고 이때 신경 화학적인 제약으로 인해 정보가 왜곡되기도 한다. 그리고 이런 정보 중 중요하게 생각되거나 반복된 정보들이 작업기억(Working Memory or Short-term Memory)으로 넘어간다.

이 과정에 사회적인 제약과 개인적인 제약으로 인해 들어온 정보들이 그대로 저장이 되는 것이 아니라 필터링을 통해 일부가 걸러진다. 이 과정에 또 다른 일부는 사라지고 망각되고 변형되고 왜곡된다. 그런 것들이 장기기억에 저장되는데 과연 이 장기기억 속에 있는 것이 정확한 것인가 하면 아닐 수 있는 확률이 높다는 것이다. 이렇게 기억된 것들이 우리의 사고가 되고 신념이 되고 경험이 된다. 이런 것을 기초로 판단을 하고 이것들이 작용하여 새로운 정보가 들어오는 데 다시 관여하게 된다. 그렇다면 지금 우리 머릿속에 저장되어 있는 정보나 나의 생각, 이렇게 만들어진 신념들은 과연 믿을만한 것일까?

나는 이 과정을 앞에 제시한 간단한 그림으로 보면서 살짝 충격을 받았다. 사실 이렇게 간단하게만 살펴봐도 지금 내가 생각하고 있는 것이 과연 맞는 것인가 하는 의구심이 들었기 때문이다. 우리가 처음 정보를 받아들일 당시인 어린 시절을 생각해보면 그때는 나의 생각이 거의 존재하지 않았기 때문에 그때는 이런 정보들이 필터링 없이 무분별하게 들어왔을 것이다. 어떤 것들은 스스로 반복 주입시킨 생각들도 있을 것이고 어떤 것들을 부모님이나 선생님으로부터 비판 없이 수용하거나 오랜 시간 주기적, 반복적으로 강요되면서 무의식적으로 굳어진 것들도 많을 것이다.

우리 머릿속에 있는 이런 기억, 생각이나 신념 등은 좋은 것일 수도 있고 그렇지 않은 것일 수도 있다. 좋은 것은 우리 삶의 목적 달성에 도움이 될 수 있지만 그렇지 않은 것들은 우리가 탁월성을 발휘하는데 방해요소가 될 것이다. 특히 이런 것들은 인간관계를 어렵게 할 수 있는데 언어는 자기 내면에 의식하는 것을 표현하는 것이기 때문에 언어를 보면 그 사람을 알 수 있는 것처럼 자기 내면의 좋지 않은 것들이 언어로 표현될 수 있기 때문이다.

인간의 고뇌도 이처럼 개인의 주관적 경험에 의해 만들어진다. 주관적 경험으로 만들어진 고뇌는 나의 주관적 경험상의 오류를 찾아내게 된다면 나의 고뇌도 사라지게 될 수 있다. 똑같은 상황이 발생해도 누군가에게는 아무것도 아닌 것이 되고 누군가에게는 커다란 상처가 되는 것을 보면 결국 모든 일(사건)은 중성이고 내가 가진 주관적 경험이 좋은 것인지 그렇지 않은 것인지에 따라 그 일은 좋은 것이 되기도 하고 나쁜 것이 되기도 할 수 있다는 것이다.

나는 이런 과정을 통해 탁월한 성과를 얻기 위해, 아니 좀 더 행복한 인생을 사는 데 필요한 아주 중요한 세 가지를 알게 되었다. 그것은 NLP에서도 강조하는 것으로 우리가 살면서 생각해야 하는 아주 중요한 요소이기도 하다. 탁월한 성과도 중요하지만 '어떻게 하면 행복한 삶을 살 수 있을까?'에 좀 더 초점을 맞추면서 내가 NLP를 통해 찾은 중요한 부분을 여러분과 함께 나누고자 한다.

행복한 삶을 사는 데 필요한 첫 번째는 '나를 아는 것'이다. 좋은 성과는 좋은 정서에 기반을 둔다. 즉, 좋은 결과를 얻기 위해서는 자기 내면의 정서를 다스리는 것이 중요하다. 그러면 어떻게 나의 내면을 볼 수 있을까? NLP에서는 'Go Inside'라는 표현을 사용한다. 나의 내면 깊숙이 들어가 나를 객관적으로 바라보라는 것이다.

NLP에서는 이를 관조(Dissociation)라고 한다. 즉, 나 자신을 제3자의 입장에서 바로 보는 것이다. 장기를 둘 때 장기를 두는 당사자보다 옆에서 훈수를 두는 사람이 한두 수 앞을 더 볼 수 있듯이 내가 지금 하고 있는 것을 제3자가 본다는 생각으로 나에게서 멀리 떨어져서 자신을 관찰해보는 것이다. 또 다른 내가 내 몸에서 빠져나와 훈수 두는 사람의 위치에서 나를 본다고 생각하면 쉽게 이해할 수 있을 것이다. 내가 지금 무슨 말을 하고 있는지, 상대방에게 어떻게 표현하고 있는지, 그런 내 모습이 어떤지, 옆에서 관찰해보는 것이다. 즉, 관조 상태를 유지하는 것이다.

처음에는 쉽지 않겠지만 조용히 눈을 감고 천천히 생각해보는 연습을 하다 보면 나중에는 일상생활 중에도 나 자신을 객관화시켜 볼 수 있는 상태를 만들 수 있게 된다. 이런 연습은 개인의 발전 측면에서도 상당히 도움이 된다. 하루를 되돌아보거나 어떤 일을 되짚어볼 때 등 다양한 상황에서 사용해보면 좋다. 나는 이 과정을 통해 그동안 내가 해왔던 많은 행동을 돌아볼 수 있었고 상당 부분 나의 오류를 찾아내고 수정할 수 있었다. 물론 지금도 그런 과정을 계속하면서 나를 다듬어가고 있다.

두 번째는 Outcome, 인간의 우수성을 개발하기 위해서 알아야 할 두 번째는 내가 무엇을 원하는지를 정확하게 아는 것이다. 어디로 가고 싶은지, 어떻게 되기를 원하는지, 어떤 모습이 되고 싶은지 자신이 원하는 것을 구체적으로 알 때 우리는 그 방향으로 갈 수 있고 그것을 얻을 수 있게 된다. 예를 들어 가정주부로 열심히 자녀들을 키우고 남편 뒷바라지에 정신없이 살아왔지만 어느 순간 나를 잃어버리고 산 것을 깨닫게 되면서 삶의 의미를 잃어버리고 방향을 잃고 힘들어하는 경우처럼 살면서 내가 진정으로 원하는 것이 무엇인지를 알아야만 내가 원하는 방향으로 갈 수 있는 것이다. 그러기 위해서는 다시 자신의 내면을 들여다봐야 한다.

우리가 원하는 것이 무엇인가를 생각할 때 주의해야 할 것이 있다. 우리는 어려운 일을 당했을 때 "걱정하지 마", "그것은 생각하지도 마"라고 이야기하지만 우리의 뇌는 무언가를 생각하지 않기 위해서는 그것을 생각해야 한다는 것이다. 왜냐하면, 사람의 두뇌는 부정적인 언어를 잘 이해할 수 없기 때문이다. 그래서 "하지 마"와 같은 언어는 할 수 없는 것을 강요하는 것이기 때문에 이를 통해 얻을 수 있는 것은 거의 없다. 그래서 "고통을 겪고 싶지 않아", "갈등을 겪고 싶지 않아"와 같은 목표는 이루어지기 어렵다는 것이다.

즉, 문제가 무엇이냐가 아니라 원하는 것이 무엇이냐가 중요하다. 그러기 위해서는 논리와 합리성보다는 직관과 통찰을 통해 진정으로 내가 원하는 것이 무엇인가, 내가 정말 하고 싶은 것은 무엇인가를 자신의 내면 깊숙한 곳에서 찾아보아야 한다. 그래야만 진정으로 내가 원하는 것을 알 수 있다.

마지막으로는 신축성 있게 사는 것이다. 우리의 삶은 정해지거나 어느 한 곳에 고정되어 있는 것이 아니다. 우리의 생각도 마찬가지다. 얼마나 신축성 있게 유연하게 사는지가 중요하다. 앞의 그림에서 보았듯이 우리 머릿속에 저장되어 있는 나의 기억 중 과연 진짜라고 할 수 있는 것은 무엇일까?

우리가 지금 믿고 있는 것 중에는 비행기를 타고 몇 시간만 가보면 아무것도 아닌 것이 되기도 한다. 우리 인간은 누군가에게 영향을 주고 싶어 한다. 내가 알고 있는 것을 알려주고 전달하고 싶어한다. 그러나 그것이 과연 좋은 것인지 생각해보아야 한다. 나의 생각을 고정하지 말고 다른 사람들의 다양한 생각과 사고를 받아들이고 인정하고 존중하는 과정이 우리를 신축성 있게 만들어줄 수 있다.

다시 처음 교수님과 나의 대화로 돌아가 보자. 교수님은 나의 대답에 왜 "어휴…" 하면서 자리를 피하신 것일까? 아마도 자신이 완벽하다는 생각을 가진 사람이라면 자신의 주장을 강하게 밀어붙이고 다른 사람의 이야기에는 귀 기울이지 않으리라고 생각하셨을 수도 있다. 나의 생각도 이와 비슷하다. 인간관계의 갈등은 이런 두 사람이 만나면 발생하는 것 같다.

우리가 배우지 못하는 이유는 먼저 배운 것 때문이라고 한다. 좀 더 자세히 풀어보면 먼저 배운 것 중에 잘못된 것 때문에 배우지 못한다는 것이다. 나도 한때는 자기주장이 강하고 나의 생각만 옳다고 주장하던 때가 있었다. 물론 지금도 가끔 그런 성향이 나타나기도 한다. 그러나 그런 성향이 나타날 때면 나는 바로 알아차리거나 그 일이 지난 후 다시 그 상황을 되돌아보면서 느끼게 된다. 그렇게 나를 조금씩 바꾸면서 스스로 발전시켜왔던 것 같다.

NLP는 이런 과정을 위해 다양한 활동과 기법들을 사용한다. 그 과정에 더 많은 것들이 내 안에서 깨지고 새롭게 만들어진다.

NLP를 통해 나는 한 단계, 아니 지속적인 성장을 해왔다고 생각한다. 아직도 많이 부족하지만 조금씩 더 성장해가고 있다. 이것이 NLP의 힘이 아닐까 싶다. 30대 초반 "완벽하다"라고 거침없이 외쳤던 완벽함에 가까워지기 위해 노력하는 것이 바로 인생이 아닐까한다. 이 자리를 빌려 좋은 가르침을 주신 전경숙 교수님께 다시 한번 감사드린다.

9장
최하나

NLP란 무엇인가?

NLP는 우리의 뇌가 어떻게 일을 하며, 언어가 어떻게 뇌와 상호작용을 하며, 우리 자신과 타인을 위해서 원하는 결과를 얻기 위하여 그 지식을 어떻게 활용할 것인가에 대한 모형이다.

– 로버트 딜츠(Roberts Dilts)

1. NLP는 성공적으로 (문제를 해결하여) 우수한 성과를 얻으며 행복하게 사는 비결이 무엇이며 무엇이 인간의 삶을 서로 다르게 만드는 것인지를 탐구하며, 여러 분야에서 탁월한 성취를 만들어낸 우수한 리더들은 어떻게 생각하고 느끼고 행동하는지 그들 삶의 패턴을 연구하는 분야다.

2. NLP는 개인이 가지고 있는 가능성을 발견하고 최대한 끌어낼 수 있는 도구와 방법을 제공하면서 동시에 인간의 정체성을 탐험하고, 의사소통이 일어나는 과정과 변화를 면밀히 다루며, 세상과 대상에 대한 인간의 주관적 판단에 결정적인 영향을 미치는 신념과 신념체계를 다룬다.

3. 지금은 NLP는 우리와 우주를 하나의 장(Field)으로 보는 4세대로 넘어가고 있다. 여기선 개인의 사명을 중심으로, 나, 가족, 그룹, 지역사회에 속한 개인으로서 나와 우리를 넘어서는 인간의 선험적 경험과 물리학적 정신세계를 발견하고 이해하기 위한 틀을 제공하고 있다.

이제는 단순한 개인 역량 개발의 도구로 개인의 능력과 탁월함을 추구하는 것에서 그치지 않고, 개인의 비전과 지혜, 나아가 사랑과 기쁨이 넘치는 지구별을 만드는 것을 논하고 있다.

–『변화와 성장을 위한 NLP의 원리 1』

2022년 뜨거운 여름, 그토록 바라던 NLP Master 과정을 참여하게 되었다. 2021년 대학원에서 NLP partitional 과정을 진행하며, 나를 짓누르고 있었던 크고 작은 신념들을 발견하게 되었다.

나를 직면한다는 것은 한편으로 후련하기도 하지만 나의 보고 싶지 않은 부분까지 바라보고 인정해야 하기에 아프기도 했던 시간이었다. 그럼에도 불구하고 왜 마스터 과정을 그토록 바라고 수강했느냐고 물어본다면 나는 자신 있게 이렇게 대답할 것이다.

"나 자신을 더 알아가면서 내 안의 가능성을 진심으로 믿어주고 싶어서요!"

나 자신을 스스로 믿고, 응원하고, 지지한다면 누구보다 더 든든한 응원군과 지원자가 생기는 일일 것이다. 물론 누군가의 인정, 누군가의 칭찬이 필요하겠지만, 우선은 내가 나의 가장 든든한 지원군이 되어주고 싶었다.

Q1. 무엇이 나를 힘들게 하는가?
Q2. 그 누가 나를 그토록 완벽해야 한다고 이야기하는가?
Q3. 누가 나의 가능성을 가로막고 있는가?

위의 세 가지 질문의 답은 바로 나 자신이었다. 여러 가지 상황들과 성장하며 스스로 만들어놓은 울타리 안에 나를 가둬놓고는 나에게 '너는 왜 그렇게 못 하는 거야!'라고 나 자신을 엄격하게 관리 감독하고 있었다.

✦ NLP 전제
– 내 안의 나와 화해하는 시간

> 지도는 영토가 아니다(The Map is Not the Territory).
> 인생과 '마인드(Mind)'는 하나의 시스템적 과정이다.

NLP는 위 두 가지 전제를 기본으로 개발되었다. 이외에도 더 나은 상태로 가기 위한 35개의 전제를 가지고 있다. 그중에서도 나의 마음을 움직였던 전제 몇 가지와 활동에 관해서 이야기해보려 한다.

Activity 002 NLP 전제 개입 및 관조 훈련
– 『변화와 성장을 위한 NLP의 원리 1』, 31p
35개의 전제 중에서 나의 마음에 끌리는 전제 6가지를 선택한 후 종이에 적어보고 전제 하나하나 개입 및 관조하며 각각의 전제가 나에게 주는 메시지를 통찰하는 활동을 진행했다.

"실패는 피드백이다."

"아무도 망가진 사람은 없다."

"사람은 어떤 환경이나 어떤 상황에서나 최선의 것을 선택한다."

"제한을 느끼는 것은 가능성을 알려주는 것이다."

"문제가 있다는 것은 기회를 가지는 것이다."

"인간의 복잡한 행동은 자르고 조각을 내봄으로써 최선의 배움
이 이루어진다."

그저 내 마음이 끌리는 대로 위의 전제를 정하고 거침없이 종이
에 적었다. 과연 내가 선택한 이 전제들은 나에게 무엇을 이야기하
고 있을까?

처음에는 전제들의 각각의 의미를 생각했다면, 전제 개입 및 관
조 활동 후 종이를 정리하며 가슴에 끌어안는 순간 '아하! 그렇지!'
하며 위의 모든 내용들이 통합되었다.

나는 몇 년 전 여러 가지 개인적인 일들로 몸도 마음도 힘들었던
적이 있다. 나의 선택에 대한 회의가 가득했고 스스로를 신뢰할 수
없었고, 타임머신이 있다면 시간을 돌리고만 싶었던 그 시절, 그때
의 나에게 필요한 말이었고, 내가 제일 듣고 싶은 말이었다.

작년 NLP 프랙티셔너 과정을 진행하며, 나는 마음속 큰 짐을 내

려놓았다고 생각했지만, 그 후로도 가끔 문뜩문뜩 허탈함이 느껴질 때가 있었다. 그런 나를 발견할 때마다 나는 곧바로 '그 경험은 소중한 배움을 주었고, 이미 지나간 일이야!'라고 넘겼었다. 그러나 그 전제를 끌어안는 순간 모든 마음속 깊은 무의식 속에서 나를 비난하며 한껏 웅크리고 있는 나와 마주할 수 있었다.

'하나야! 아무도 망가진 사람은 없어! 너는 이미 온전하며, 이미 완벽하게 기능하고 있어! 너는 그때 최고의 선택을 한 것이고, 실패가 너에게 준 의미들을 생각해봐! 너를 얼마나 가치 있는 삶으로 인도했고, 삶의 즐거움을 누리고 살아가는지! 지금 비록 제한을 느끼고 문제가 있다고 느껴질지라도 그것들이 너에게 가능성과 기회를 가져다줄 거야! 너는 지금 너의 행동을 자르고 조각을 내봄으로써 최선의 배움을 경험하고 있는 중이니까!'

한껏 웅크린 나에게 손을 내밀고 위로와 진심을 담은 사랑 가득한 말로 나와의 진정한 화해를 할 수 있었다.

NLP의 효과 중 하나인 Self Awareness! & Mindfulness! 무의식의 힘은 크다. 나는 그 날의 전제 개입 및 관조 훈련을 통해 나의 무의식의 한 부분과 화해할 수 있었고, 숨어 있던 나의 생각들을 알아차릴 수 있었다. 비로소 나를 객관화시켜볼 수 있는 힘이 생기고, 변화를 창조하고 지속할 수 있는 힘을 키우는 시작을 하게 된 것이다.

✦ 의식리더의 성공적인 Mindset
– 내가 추구하는 방향을 찾아가는 시간

NLP 마스터 과정은 하나하나 나에 대한 퍼즐을 맞춰가는 재미가 있었던 시간이었다. NLP 전제를 통해 나를 객관화시킬 수 있었다. 나는 과연 어떤 사람이 되고 싶고, 어떤 인생을 살고 싶은가? 사이드 브레이크를 풀기 위해서는 나에 대한 정렬이 필요했다.

2021년 5월 Living awareness 책을 번역해서 발표하는 조별과제를 진행하면서 나와 정체성, 역할에 대해 발표하며 가장 인상 깊었던 부분은 현재 역할에 너무 빠져서 그 역할의 집중하게 되고, 하나의 역할만이 정체성이 된다면, 정체성에 해를 끼치고, 진정한 자아를 잃게 되며, 삶의 의미를 읽어 버릴 수 있다는 대목이었다.

예를 들어 엄마로서의 역할에 충실하다가 아이들이 다 성장하고 나며 엄마들이 우울증이 오는 것처럼 말이다. 지난 시간을 되돌아보면 나는 자신을 돌보지 않았고, 지나친 역할에만 충실하며 살아왔다. 대안학교 중국어 교사, 교회 직원으로 이 두 가지 역할은 성실하게 누구보다 잘살아서 본이 되어야 한다는 알맹이 없는 빈 껍데기의 모습만 모여주기에 급급했다.

그렇다. 내 안에 사랑이 없었기에 점점 더 나의 겉모습 결과가 보이는 일에만 집착하며 사람들에게 잘 보이기 위해 살아왔고, 그 역할들이 사라지고 나니 처음에는 엄청난 해방감이 있었지만, 내 안의 가치와 정체성이 정립되지 않아 가다가 멈추고 가다가 멈추기를 반복했던 것이었다.

지난여름, 나를 있는 그대로 받아들이기로 마음먹고 NLP를 학습하며 내가 추구하는 본질적인 가치와 자아 정렬을 할 수 있었다.

\<Self Alignment\>

Identity 당신은 어떤 존재로 기억되고 싶습니까?
→ 마음이 따뜻한 사람

Value/Belief 그런 존재로 기억되는 사람은 어떤 신념을 가지고 있고, 어떤 가치를 중요하게 여기며 살아갈까요?
→ 호기심과 배려

Capabilities 그런 존재로 기억되는 사람은 어떤 능력을 가지고 있고, 또 계발하며 살아갈까요?
→ 새로운 것을 발견하는 호기심

Behavior 그런 존재로 기억되는 사람은 어떤 행동을 자하고, 또 자주 하며 살아갈까요?
→ 새로운 것을 배우려는 행동

Environment 그런 존재로 기억되는 사람은 삶의 주변 환경을 어떻게 만들고 있고, 만들려고 하고 있을까요?

→ 함께 공부하는 커뮤니티

함께 공부하는 코치님이 나에게 어떤 존재로 기억되고 싶으냐고 질문하셨고 나도 모르게 "마음 따뜻한 사람"이 되고 싶다는 말이 튀어나왔다. 처음에는 Environment부터 Identity까지 앉아서 이야기 나누며 '아… 이렇게 즉흥적으로 이야기해도 되나?' 싶을 정도로 내용이 제각각인 듯했다. 소매틱을 넣어 각각의 대답을 생각해보는 시간을 가져보았다.

처음에는 '왜 마음이 따뜻한 사람이지? 그래서 뭐가 하고 싶은 거지?' 되물으며 확신이 들지 않았지만, 어느 순간 갑자기 마음 따뜻한 사람에 대한 확신이 생기면서 내가 원하는 것이 명료해졌다. 마치 내 안에 숨겨져서 나오지 않던 빛이 새어 나와 나의 머리부터 발끝까지 연결되는 것 같았다.

지속된 배움으로 지식만 쌓이고, 머리만 커져서 머리로만 판단 분석 평가하는 사람이 아니라, 가슴에서 따뜻함을 가지고 사람을 대하는 마음속에 따뜻한 사랑을 가진 그런 사람!

이렇게 나에 대한 또 하나의 퍼즐이 맞춰졌고, 마지막으로 수료

식에서는 각자의 매크로 마인드셋을 만들어 외치는 것이 미션으로
부여되었다.

> SFM 성공 마인드셋 지도는 성공적인 사고방식의 세 가지 주요 영역을 나
> 타낸다.
>
> 메타 마인드셋(Meta Mindset) - 큰 그림의 명확성
> 매크로 마인드셋(Macro Mindset) - 성공의 습관
> 마이크로 마인드셋(Micro Mindset) - 지속적인 우선순위
> ─『의식 리더십과 회복 탄력성』, 116~138p

　나의 자아 정렬을 바탕으로 내가 원하는 삶을 위한 성공의 습관
을 계속해서 수정하며 나의 머리, 가슴, 배까지 내가 정말 원하는
것인지 체크하고 나의 성공의 습관에 확신에 확신을 더하는 과정을
거치게 되었다.

> **Macro Mindset** - 역량의 성공요인 프로젝트의 큰 그림에 집중 실행에
> 옮기기 위해 요구되는 성공의 습관
> * **항해(에너지/집중)** 동기와 에너지를 가지고 모험을 위해 전력을 다한다.
> * **망원경(피드백)** 진정성 있는 지속적인 피드백은 문제와 장애물을 피할
> 수 있다.
> * **망대(기회포착)** 가능성을 위해 끊임없이 살펴보고 기회의 미약한 신호
> 도 포착할 수 있다.
> * **해먹(균형/재충전)** 스스로 자기 절제와 균형을 이루며 재충전을 통해 스

스로를 돌볼 수 있다.
* **조타키(역경대처)** 위험과 역경으로부터 흔들리지 않고 통제하여 집중을
유지할 수 있다.

① 나의 항해 : 자신의 열정과 에너지를 투자하고 싶은 것!

→ **배운 것을 활용하는 아시아의 마음 따뜻한 코치이자 멘토가 되는**
것이다.

② 나의 망원경 : 진솔한 피드백을 수시로 받는 확실한 방법

→ **멘토코치님과 도반들과의 코칭과 나눔이다.**

③ 나의 망대 : 끊임없이 기회를 포착하고 창조하는 시간에 투자

→ **꾸준한 감사일기 작성과 매 해 새로움 배움을 도전하는 것이다.**

④ 나의 해먹 : 내면이 단단하며 자원이 풍부한가? 스스로 재충
전하고 균형을 잡는 당신만의 방법 매일 훈련

→ **매일 30분 이상 독서, 1만보 걷기, 연 1회 해외 휴식 여행이다.**

⑤ 나의 조타키 : 위험과 잠재적 문제를 알고 있고 역경과 부정적
인 피드백에 용기를 잃거나 흐트러지지 않는다.

→ **묵상, 기도, 수심단 활동이다.**

계속해서 연습하고 반복하며 여러 사람 앞에서 나의 습관을 외
치다 보니, 어느 순간 매일 정해진 시간이 되면, 나가서 걷고 있는
나를 발견하게 되었다.

나는 계속해서 배움과 통합과 나만의 영웅의 여정을 살아갈 것이다. 메말라가던 삶에 한줄기 빗방울이 촉촉이 내려 나의 마음을 적시고 발아하기 딱 좋은 토질로 나의 마음의 밭을 가꾸는 시간이었다.

나는 나의 삶에 대한 신뢰와 믿음이 있다. 비록 지금의 삶이 불확실하지만 내면의 잔잔함이 있기에 나는 계속해서 도전하고 넘어지고 일어나서 다시 출발할 힘을 가졌다. 모든 사람은 이 힘을 가지고 있다.

나는 각자의 삶에서 내면의 힘을 가지고 살 수 있도록 지원하는 마음 따뜻한 코치이자 멘토이다. 그 여정을 위해 나는 오늘도 나의 삶을 재정비하고 코칭을 진행하고 강의를 하고 있다. 마지막으로 나에게 와 닿았던 책의 한 문장을 기재하며 글을 마치려 한다.

> 그대 자신이 되라. 평범하면서 독특한. 그리하여 그대의 운명을 실현하라.
> 어느 누구도 그대를 위해 그것을 대신할 수 없다. 그대는 나를 흡수할 수 있지만 나를 추종할 수 없다.
> 난 결코 누구도 추종하지 않았다. 내게는 나 자신의 길이 있다. 그대는 그대 자신의 길을 가져야 한다. 인류 역사상 누구도 걸어 본 적이 없는, 또한 미래에도 걷지 않을 그런 자기만의 길을 걸어야 한다.
>
> -『장자 도를 말하다』, 178p

10장

이상현

삶이 있는 한 희망은 있다

NLP는 35개의 전제에서 시작한다. 여기서 전제는 그것이 맞든 맞지 않든 맞는다고 믿고 시작하는 것이다. 과학에서 운동에 관해 논할 때 마찰력이 존재하지 않는다고 생각하고 문제에 접근하는 것과 비슷하다. 실제로 그렇지 않더라도 일단 그렇다고 생각하고 시작하는 것이다. 35개의 전제가 모두 마음에 와 닿지만 그중 몇 개의 이야기를 나누고자 한다.

✦ 모든 인간의 행동에는 긍정적인 의도가 있다

7살 여동생이 오빠와 가위바위보에서 졌다. "몰라! 다시 해! 오빠가 늦게 냈어!"라고 소리지르며 오빠를 때린다. 오빠는 "그만해! 또 우기냐. 때리지 말라고!" 하고 크게 소리지르며 일어나 방으로 들어간다. 동생은 따라가서 오빠 옷을 붙잡고 늘어진다. 오빠는 동생을 밀친다. 동생은 "오빠랑 재미있게 놀고 싶은데 져서 속상하다고 가위바위보를 다시 하고 싶은데 오빠한테 말하는 방법을 몰랐고 오빠가 배려를 해주기를 바랐는데 오빠가 그런 마음을 몰라줬다"고 생각했다. 오빠는 "동생하고 놀아주려고 했는데 또 우기기만 했고 동생이 때려도 끝까지 참아주려고 했고 싸우지 않고 싶어서 자리를 피하려 했다"고 했다.

- 『엄마의 말 공부』

이 글을 읽으며 어린이들도 표현을 못 해서 그렇지, 분명 긍정적인 의도를 생각하고 있다는 것을 알게 되었다. 그때 나에게 떠오른

NLP 전제가 있었다.

그것은 바로 '모든 인간의 행동에는 긍정적인 의도가 있다'는 것이었다. 우리는 매일 행동한다. 그 행동은 때로 아무 의미를 지니지 않는다고 생각한다. 하지만 생각해보자. 재미있게 놀고 싶었던 의도, 동생과 놀아주려던 의도, 참아주려던 의도, 싸움을 하지 않기 위해 피하는 의도처럼 그 속에는 어떤 의도를 가지고 있다.

그것은 의미로 해석할 수도 있다. 내가 세상에 표현하는 의미. 어제 나는 상사에게 불편한 이야기를 들었다. 듣는 나는 기분이 상했었다. 순간 떠올렸다. 그가 나에게 얘기하고자 하는 의도는 무엇인가? 단지 내가 싫어서? 본인의 능력에 해를 입혀서? 조직에 도움이 되지 않아서? 그는 내가 더 일을 잘 처리해서 회사에도 나에게도 좋은 결과를 가져오길 원했을 것이다. 그것으로 더 나은 제품을 만들어 소비자에게 전달하고, 그 소비자들이 제품을 편안하게 사용함은 물론, 그것으로 더 나은 세상을 만들 수 있을 것이라는 생각에서 비롯되었을 것이다. 물론 그가 어디까지 생각하고 행동했는지는 알 수 없다. 하지만 분명한 것은 나를 해하려는 의도가 아니라 나에게 긍정적인 변화가 있기를 바라는 것이다.

이런 나의 시각의 변화는 나 자신의 마음만 편하게 하기 위한 것은 아니다. 일차적으로 스트레스가 줄었고 그로 인해 밝아진 나를 가족들이 느끼고 가족들은 그 긍정적인 느낌을 그 주변 사람에게 전할 테고 그로써 주변 사람들도 변하고 내가 살고 있는 지역이, 우리나라가, 더 크게 전 지구가 변화할 수 있을 것이다. 나의 시각 변화는 전 지구에 나비효과를 불러일으킬 수 있을 것이다. 이런 마음을 갖게 되니 사소한 행동에도 꼭 긍정적인 의도를 담고 싶어졌다. 나의 긍정적인 의도와 행동이 세상을 바꿀 테니까 말이다.

두 번째 소개하는 전제는 바로 이것이다. 인간의 행동은 그때 상황에 맞춰 익혀진 것이다.

"너는 언제 가장 즐거웠어?"

큰 아이에게 물었다. 요즘 학교 갔다 학원 갔다가 숙제하느라 힘겨워하는 초등학교 4학년인 아이. 요즘 많이 힘겨워 보였기에 뭔가 즐거운 상태를 유지하여 지칠 때 뚫고 나가는 힘이 될 것을 찾아주고 싶었다.

"음… 난 저번에 괌에 갔을 때 아빠랑 수영하면서 놀았을 때가 제일 즐거웠어."

"그때 일주일 내내 수영장, 바다에서 수영하고 했잖아. 그 일주일 내내 즐거웠어?"

"응, 그 여행 기간 내내 다 즐겁고 좋았어. 또 가고 싶다."

"아빠도 너무 즐거웠어. 또 가고 싶다. 근데 그중에서 제일 즐겁게 놀았던 순간은 언제였어?"

"다 좋았는데?"

"그래도 제일 좋았던 순간이 있었을 거잖아. 괌 여행하면 딱 떠오르는 장소나 느낌 없어?"

"있지."

"언제인데?"

"동생들은 엄마랑 저쪽에서 놀고 아빠랑 둘이서 슬라이드 타고 내려왔던 게 제일 생각나."

"우리 둘만 슬라이드 타고 놀던 때?"

"응, 그때가 제일 즐거웠어. 동생들이랑 같이 놀아도 좋은데 아빠가 나만 보면서 놀던 게 특히 좋았어."

갑자기 왈칵 눈물이 날 뻔했다. 우리 첫째도 역시 폐위된 세자의 느낌을 갖고 있었다니 더 놀라웠다.

"지금이 만약 그때라면 우리 둘이서만 놀던 중에서도 눈 감으면 딱 떠오는 순간은 언제야?"

"슬라이드 타고 내려와서 물속에 잠수해서 아빠 등에 타고 놀던 때."

"등에 타기 전? 아니면 타고 나서?"

"타기 전에 물속에서 아빠랑 눈 마주치고 눈짓만으로 등에 타는 걸 서로 알아챘을 때! 그때 아빠랑 텔레파시 통하는 것 같아서 너무 좋았어."

"난 자세히 기억 안 나는데 그때 상황을 자세히 말해줘."

"내가 물속에 첨벙 들어갔는데 아빠가 물속에서 물안경 쓰고 잠수해서 나한테 다가왔어. 그리고 아빠 눈이 보였고 내가 등에 타고 싶다고 생각하니까 아빠가 등을 대주는 거야. 내 생각을 들은 것처럼. 그게 좋았어."

"손이나 발, 얼굴의 느낌은 어땠어?"

"손은 물이 느껴졌고, 몸엔 물속이라 수압이 느껴졌어."

"소리는 어떤 소리가 들렸어?"

"물 때문에 먹먹하면서 꾸르륵거리는 소리가 났어. 그리고 멀리서 노랫소리도 들렸어."

"눈 감고 그 순간을 생생하게 한번 느껴봐."

"… 와~ 진짜 가고 싶다."

"지금 이 기분 기억했다가 코로나 끝나면 또 가자."

"알았어. 코로나 빨리 없어졌으면 좋겠다."

"어떤 게 있으면 그때 그 기분이 바로 떠오를 것 같아? 노래도 좋고 냄새도 좋고 느낌도 되고, 뭐 그런 거 없어?"

"아빠 등에 업히면 떠오를 거 같아."

"그럼 그 기분 느끼고 싶을 때 언제든지 말해. 업어줄게."

"윽, 안 돼."

"왜?"

"동생들이 보면 창피해."

"없을 때 서재에서 업어줄게."

"그래? 알았어."

이후 아이는 나에게 한 번씩 업어달라고 했다. 그날은 영어학원에서 단어 시험을 보고 온 날이었다. 결과가 썩 좋지 않았던 날이었다. 잘 봤으면 힘들어도 괜찮은데 못 보니까 기분이 우울해서 즐거워지고 싶었단다. 등에 업히고 나서 아들의 좋아진 표정과 축 늘어졌던 어깨에 다시금 힘이 들어가는 것을 보았다. 나에게 업히는 동작이 앵커링[1]된 것 같다. 근데 어제 아이가 목욕을 하고 나서 목욕 중에 그때 느낌이 또 들었다고 말해주었다. 앵커링이 여러 개가 생긴 것 같다. 물론 아이는 여러 상황에서 즐거움이 떠올라서 좋다고 한다. 여러 가지로 엥커링이 될 수 있다는 것을 알게 되었다. 그건 생활 속에서 인위적인 행위로 연습해서 만들기보다 더 좋은 방안일 것이라 생각된다. 그런 이유에서 하나보다 여러 개의 앵커링을 만들 수 있다면 더 좋은 것이다.

자원 개발은 필요한 자원을 과거의 나에게서 가져오는 것이다. 아이에게 필요한 자원은 미래에 지친 생활을 이겨나갈 힘이 되는 어떤 것이 될 것이다. 그리고 그것을 불러오는 앵커링은 어부바였

◇◇◇◇◇

1 앵커 : 특정한 반응을 불러내는 자극. 오감으로 저장된 어떤 자극, 오감 중 특정 감각과 연결된 어떤 자극을 통해 특정 기억, 감정, 행동을 끌어내는 조건반사, 앵커는 자연히 발생하는 것도 있지만 의도적으로 발생시킬 수도 있다. 자동적으로 형성된 부정적 앵커를 징크스라고 한다. 스포츠 분야에선 이러한 앵커를 의도적으로 활용하는데 이를 '루틴'으로 표현하기도 한다. 이는 행동주의 심리학의 상징이기도 한다. (출처 : 『변화와 성장을 NLP의 원리 1』)
앵커링 : 앵커를 의도적으로 만드는 과정

다. 그리고 다른 것들도 생긴 것 같다. 연습을 통해 앵커링 되는 것보다 생각난 행동을 기억하고 되풀이하는 것이 더 잘 앵커링되는 것 같다. 아이의 행동은 과거의 좋은 기억에 맞춰 익혀진 것이다. 언제나 새롭게 생겨날 수도 있다. 분명한 것은 그 당시의 행동이 그때 상황에 맞춰 익혀지고 기억된 것이다. 매일 안 좋은 기억과 좋은 기억이 스치는 순간들 속에서 상황에 맞춰 습득된 것 중에 좋았던 기억을 더 많이 기억하며 익혔으면 좋겠다. 그것이 아이의 미래에 힘든 순간을 이겨나가는 힘이 되어줄 테니까.

1년이 지난 지금도 아이는 기분 좋아지게 업어달라고 할 때가 있다. 이제 50kg에 육박하는 아이를 업고 있으면 다리 통증이 느껴진다. 그런데 그 다리 통증이 날 행복하게 한다. 난 스쿼트를 시작했다. 이제는 스쿼드 때 다리의 통증도 날 행복하게 한다.

✛ 사람은
언제나 변할 수 있다

> 인간은 신념의 덩어리로 이루어져 있다고 한다.
> -『변화와 성장을 위한 NLP의 원리 1』

신념은 어떻게 생성된 것일까? 그것은 여러 개의 가치관을 통해 생성된다고 한다. NLP 강의 중에 신념 부분을 다룰 때 가장 불편했던 것으로 기억한다. 신념은 내가 생각할 필요도 없이 당연하다고 느끼는 것을 말한다. 일상생활 중에 생각하지 않아도 당연한 것들이 있다. 어른을 공경하고 어린이를 보면 도와주는 것 등을 말한다. 너무나 당연한 것들을 들여다보는 것과 그것을 변화시키는 노력은 너무 힘든 것이었다. 하지만 가장 큰 깨달음을 느끼게 된 것도 이 부분이었다.

인간은 왜 배우는가? 이 질문에 대해 나는 당연히 생존을 위해서라고 생각한다. 끊임없이 변화하는 요즘 같은 세상에서 배움은 1,000년 전 배움과는 질적으로 다르다. 배우지 않고는 생존할 수 없으므로 싫어도 배우는 것이다. 80세가 넘은 노인이 새롭게 스마트폰을 배우는 이유는 보고 싶은 손자 손녀와 시간과 공간이 허락하지 않기에 영상통화로 만나고 싶기 때문이다. 사랑은 전하고 전해 받는 것이 생존의 가장 큰 의미일 것이다. 그런 이유에서 더 배울 필요가 없어 보이는 사람도 계속해서 무언가를 배우는 것이라고 생각한다.

그런 나의 신념은 나의 삶 곳곳에서 나를 지배하고 있었다. 하지만 그런 신념은 변화했다. 배움은 생존이 아니라 더 나은 삶의 가치를 위한 것이다. 이렇게 바뀌는 과정은 이러했다. 내 양손에 나에게 중요한 것 두 개를 놓고 선택하는 것이다. 마치 이상형 월드컵 16강전 같이 말이다. 여러 개의 가치 중에서 생존과 삶의 가치가 맞붙게 되었다. 난 삶의 가치를 선택했다. 가치 없는 삶이 죽음과 다르지 않음을 생각하게 된 것이다. 그렇다면 생존이 해결되면 배우지 않아도 되는지 생각하게 되었고 가치 있는 삶을 위해서 배우는 것이 당연해졌다.

NLP를 통해 두 가지 큰 변화를 느꼈다. 하나는 에포케(epoché), 즉 판단중지이고 두 번째는 신념체계였다. 작게는 나의 마음을 편안하게 해준다. 스트레스에서의 해방만이 전부는 아니다. 나의 날갯짓으로 더 나은 세상을 만들 수 있다는 희망을 데리고 다닐 수 있다는 큰 느낌이 날 계속 날게 한다.

NLP를 만난 후 돌아보는 나
그리고 시작하는 *Small Step*

✦ NLP를
시작하기 전에

내가 공부하고 느낀 NLP에 대해서 말하기 전에 우선 간단히 나에 대한 소개와 성찰에 대해서 말하고자 한다. 이렇게 나를 소개하면 내가 어떤 사람이고 어떤 환경에서 글을 풀어나갔는지 상상을 할 수 있을 것 같다. 책을 읽는 사람이 비슷한 환경에 있거나 경험을 하고 있다면 한층 더 공감하면서 읽을 수 있을 것 같아 잠시 소개의 글을 적어 내려간다.

나는 직장생활을 한 지가 거의 20년 가까이 되는 흔하다면 흔하다고 할 수 있는 직딩이다. 대학을 졸업한 후 결혼을 하였고, 자녀가 두 명 있으며, 회사에서 마케팅 업무를 하면서 월급으로 한달 한달을 살아가는 이 시대의 중년이 되었다(10대와 20대에 바랐던 나의 모습과는 사뭇 다른 모습). 중년의 나이가 되어 나의 인생을 돌아보니 순탄하지만은 않았던 것 같다. 그래서 40대 딱 되던 그해에 훈장처럼 병을 하나 얻게 되었다. 그래서 6개월마다 한 번씩 병원에 들러서 정기검진을 받고, 또한 6개월을 행복하게 살아갈 수 있는 약을 처방받는다.

그날도 그런 날이었다. 정기검진이 있는 날이어서 아침 일찍 병원으로 가 혈액검사용 피를 뽑고 진료까지 2시간 정도 남았길래 카페에 들러 커피 한 잔과 간단한 요깃거리를 사서 병원 근처 조그마한 공원으로 향하고 있었다. 공원으로 향하던 중 나이가 지긋이 들어 보이는 수녀님이 지나가는 모습이 내 눈에 들어왔다. 나는 사람에 대하여 호기심이 많은 편이다. 그래서 지나가는 사람들을 보면 '저 사람은 어디에서 왔고, 무엇을 하고 살아가며, 어떤 생각을 하면서 살아갈까?' 혼자서 상상의 나래를 펼치곤 한다. 그날 수녀님도 나의 그런 상상과 호기심에 자극을 주기 시작하였다. '저분은 몇 살에 수녀가 되기로 결심을 했을까? 그리고 얼마나 많은 역경을 참고 견디며 힘들게 살아가고 있을까? 특히나 요즘처럼 편리하고 좋은 것이 많아진 세상에서 모든 유혹을 뿌리치고 성직자로서의 삶을 살아간다는 것이 얼마나 힘들고 고단할까?' 이런 생각이 꼬리에 꼬리를 물면서 머릿속으로 혼자서 질문하고 혼자서 대답을 하면서 공원의 벤치로 걸어가고 있었다.

나는 공원 벤치에 앉아 아이스 아메리카노에 빵을 곁들여 먹으면서 가을을 준비하는 하늘을 보며 검진 때문에 병원에 온 것도 잊은 채 잠시 휴식을 취하고 있었다. 그런데 그 순간 불현듯 조금 전 마주친 수녀님에 대한 생각이 떠올랐다. 그리고는 내가 가진 사고방식의 틀 안에서 수녀님의 삶을 함부로 평가하고 판단하였다는 생각이 들었다. 그런 내 모습에 부끄러움이 차오르기 시작했다.

하나씩 생각을 해보자. 나도 어릴 적에는 꿈이라는 것을 가졌고,

닮고 싶은 사람도 있었다. 하지만 학교를 졸업한 후 (우리는 보통 이럴 때 현실이라는 핑계를 댄다.) 남들처럼 취업에 대해서 고민하고 취업 전쟁에서 어떻게든 살아남기 위해서 발버둥 친 결과, 간신히 취업에 성공했으며 조금 더 안정적이거나 비전이 있다고 생각하는 회사로 이직도 했다. 결혼을 한 후 배우자와 자녀가 내 삶의 일부분이 되면서 나의 꿈보다는 한 달 한 달 살아가는 현실이 더 중요해졌고, 내가 무엇을 원하는지 뭐가 되고 싶은지는 더 이상 중요하지 않았다.

하지만 수녀님의 경우는 어떠한가? 어린 나이에 자신의 꿈을 결정하였을지, 아니면 조금 나이가 든 후에 결정하였을지는 알 수가 없지만, 어찌 되었든 자신이 가고자 하는 길 위에서 자기가 살고 싶은 삶을 아주 행복하게 살고 있지 않은가? 헌데, 그런 수녀님의 삶을 나는 내 기준으로 평가하고 판단하였다는 것이다. 이 얼마나 무모하고 어처구니없는 생각인가? 마치 내가 세상의 표준인 것처럼, 아니 세상 모든 이의 삶을 모두 다 아는 것처럼, 또는 흔히 말하는 보통 사람들인 것처럼 생각해서 누군가의 삶을 판단하고 평가하고 있다는 것에 대하여 이루 말할 수 없는 부끄러움이 밀려왔다.

물음) 우리가 말하는 보통 사람의 기준은 무엇일까? 흔히들 입버릇처럼 말하는 '보통'.

사람은 사회적 동물이다. 인간은 개인으로 존재하고 있어도 홀로 살 수 없으며, 사회를 형성하여 끊임없이 다른 사람과 상호 작용을 하면서 관계를 유지하고 함께 어울림으로써 자신의 존재를 확인하는 동물이라는 의미다. 이런 다른 사람과의 상호 작용과 사회적 활동에서 그 어떤 누구도 평생 똑같은 사람을 만나거나 똑같은 사회적 활동을 하지 않는다. 외모가 똑같고 자라가는 환경이 거의 같은 쌍둥이조차도 관계를 맺어가는 사람이나 사회적 활동이 다르다. 이런 다른 환경 속에서 우리는 각자가 옳다고 생각하는 가치관이라는 것을 형성하게 된다. 이렇게 형성된 가치관으로 사람이나 현상을 보고서 각자만의 기준에서 판단을 해나가기 시작하는 것이다.

그렇다면 각자가 가지는 가치관은 어떨까? 개개인별로 타고난 성향과 사회적 동물로서 경험하고 학습한 부분이 다르기 때문에 같을 수가 없다. 조금 비슷한 성향이 있을 수는 있어도 똑같은 현상을 보고서 똑같이 판단하기는 어렵다.

우리가 말하는 보통의 기준은 무엇인가? 보통의 기준이라는 것은 애초에 없는 것이다. 성향, 가치관이 비슷한 사람들이 자신은 보통의 기준이라고 주장할 뿐이다. 내가 수녀님을 보고 판단한 것은 나만의 기준이었다. 좋은 차를 타고, 맛있는 것을 먹고, 가족들과 여행을 다니며 수다를 떠는 것이 내 삶의 행복을 위한 기준이라면, 수녀님은 수녀님 나름의 행복한 삶의 기준이 있는 것이다. 즉, 나와 같은 공간, 같은 시대를 살고 있지만 개개인은 서로가 완전히 다른 독립적인 개체로서의 정체성과 가치관을 가지고 있다는 것이다.

NLP는 여기에서부터 시작한다. 너, 나, 우리는 어떻게 보면 닮았고 비슷한 면이 있을지 모르지만, 우리는 완전히 똑같을 수 없는 독립적인 개체라는 것이다. 그래서 자신이 아닌 다른 누군가에 대하여 함부로 판단하고 평가하지 말라는 것이다. 모든 판단과 평가는 타인의 기준이 아닌 자신의 기준에서 일어난 것이기 때문에 다른 사람의 기준에서는 행복이 불행일 수도 있고, 불행이 행복일 수도 있을 것이기 때문이다.

이런 생각을 가지기까지는 수많은 훈련과 이해가 필요할 것이다. 만약 우리가 이런 생각을 조금이라도 가진다면, 우리는 직장생활에서 상하 관계나 부서 간의 관계에서 좀 더 원활한 소통을 얻을 것이다. 특히, 가족이나 친구 사이의 관계에서도 좀 더 편하고 진실된 사랑과 우정이 피어나지 않을까 싶다.

부모는 자녀를 양육하면서 자신들이 말한 대로 따라와 주지 않는 자녀를 다그치기도 하고 화를 내기도 한다. 과연 내 자녀는 나와 똑같은 가치관을 가지고 세상을 살아갈까? 내 자녀이기 때문에 내가 가진 생각을 그대로 따라가야 하는가? 앞에서 이야기한 것처럼 자신의 기준이 보편적이고 합당하다고 생각하는 순간, 우리는 남들에 대하여 평가하기 시작하고 그 사람이 말하는 것에 귀를 기울이기보다는 내가 생각하는 부분하고 틀린 부분이 무엇이며, 그것을 어떻게 하면 바꿔줄 수 있을지, 고쳐줄 수 있을지부터 고민하게 된다. 이렇게 되면 대화도 소통도 머나먼 달나라 이야기가 된다.

Epoche(라틴어) : 판단 중지, 있는 그대로 받아들이기

만약 무언가에 대하여 자신만의 잣대로 판단하기 시작한다면 위 단어를 떠올리기 바란다. 물론 모든 판단에 대하여 Epoche를 적용하고 판단을 중지하라는 것은 아니다. 다만, 지금 내가 하고 있는 판단이나 생각들이 전적으로 나의 사회적 동물 활동에서 나온 나만의 산출물이 아닌지 의문이 드는 순간, 숨을 깊게 들이마시고 내뱉으면서 저 Epoche라는 단어를 떠올린 후에 생각을 정리하거나 대화에 임해보자는 것이다.

내가 생각하는 NLP의 정의

나는 NLP Practioner 과정을 수료하기까지 이 NLP라는 단어가 수업 내용과 잘 매칭이 되지 않았다. 제품도 그렇고 책도 그렇고 이름이 참 중요한데, NLP라는 단어는 선뜻 대중에게 다가가기 힘들고 NLP를 통해서 무엇을 배울 수 있을지 의문이 들었다. 즉, NLP라는 단어는 나처럼 배경 지식이 전무한 사람에게는 외우기 힘든 영어 줄임말일 뿐이다. 그래서 나는 NLP를 이렇게 정의하고 싶다. New Learning Platform (for me), 즉 나에 대하여 공부하는 새로운 플랫폼인 것이다. 지금까지도 그랬고 앞으로도 그렇겠지만 우리는 시간을 내어서 자신에 대해서 공부할 일이 거의 없을지도 모른다.

하지만 나는 확신을 갖고 여러분께 말할 수 있다. 시간을 내어서 NLP를 공부한다면 스스로에 대해서 조금 더 높은 이해력을 가지게 될 뿐만 아니라 당신이 살아가는 삶이 정신적으로, 물질적으로 좀 더 풍족해질수 있다고 말이다. 누군가는 이런 질문을 던질 수도 있을 것이다. '나를 알아서 뭐를 할 수 있지?' 혹시라도 무언가가 나를 괴롭히고 있고, 압박하고 있다면 상대방이나 어떤 사건이 아닌, 자신을 먼저 알아야 한다고 말하고 싶다. 또한, 행복해지고 싶고 성공하기를 바란다면, 자신에 대한 정확한 이해 혹은 자신의 정체성 확립이 선행되어야 한다.

과거의 무수히 많은 일들을 통해서 지금의 내가 만들어졌고 지금의 수많은 일들이 미래의 나를 마주치게 할 것이다. 스티브 잡스는 한 졸업식에 참석해 축사로 "You have to trust that the dots will somehow connect in your future"(현재의 순간들이 미래에 어떻게든 연결된다는 것을 믿어야 합니다)라고 했다.

미래의 나를 위해 무엇을 해야 할까? 자신에 대한 공부(좋아하는 것, 싫어하는 것, 하고 싶은 것, 때로는 가치관, 신념 등)와 그에 대한 이해가 필요하다. 그래서 나는 NLP를 'New Learning Platform(for me)'이라고 명명하고 싶다.

시스템 이론

이제 본격적으로 NLP를 통하여 느끼고 생활 속에서 변화를 가져가고 있는 부분을 이야기해보려고 한다. NLP는 46가지의 전제를 기본 바탕에 두고서 말하는 학문이다. 전제는 누군가에게 듣기 좋은 미사여구에 지나지 않을 수도 있고 또 다른 누군가에게는 자신이 처한 현실의 모습을 투영하고 있다고 할 수도 있을 것이다. 나는 여러 전제 중 하나인 시스템 이론에 대하여 말하고자 한다.

"이 세상은 하나의 시스템이며, 시스템 안의 모든 것은 서로 영향을 주고받는다. "이 시스템 이론은 생각하는 범위에 따라서 지구 전체가 될 수도 있고, 하나의 대륙이 될 수도 있으며, 하나의 나라 혹은 하나의 도시가 될 수도 있다. 하지만 NLP는 나를 알아가기 위한 배움의 플랫폼이므로 나는 이 시스템 이론을 '나'에 대하여 한정해서 말하고 싶다.

시스템 이론은 간단하게 말해서 모든 것이 연결되어 있다고 보면 된다. 쉽게 말해서 그 어느 것 하나 시스템에서 빠지면 시스템이 돌아가지 않거나 무언가 변화가 발생하면 시스템 전체에 변화가 일어난다는 의미이다.

　내가 시스템 이론을 좋아하는 이유는 지금의 작은 변화를 통해 미래의 내가 원하는 나 자신을 만들어 저 멀리서 기다리고 있을 것 같기 때문이다. 한가지 질문을 던지고 싶다. 만약 스스로 이루고 싶은 것이 있다면 우리는 어떻게 해야 할까? 수많은 방안이 있겠지만, 다음과 같이 두 가지 방안을 제시한다면 당신은 무엇을 선택할 것인가?

　첫 번째는 이루고 싶은 것보다 더 높은 것을 목표로 해 달려가는 방법이고 두 번째는 이루고 싶은 것을 세분화하여서 아주 사소한 것부터 이루거나 변화시켜 보는 것이다. 다들 어릴 적에 이런 이야기를 들었을 것이다. 공부해서 80점을 받고 싶다면 100점을 받겠다는 목표를 세우고 열심히 매진하라고. 그러면 언젠가 자연스럽게 80점을 달성하고 있을 것이라고. 즉, 목표를 높게 잡아야 낮은 단계의 목표를 쉽게 이룰 수 있다는 것인데 정말 맞는 말이다. 다만, 나는 높은 목표를 향해서 달려갔을 때 원하는 목표를 이루지 못하고 중도 포기하는 사람들을 위해서 두 번째 방법에 대해서 시스템 이론과 결부해 말하고자 한다.

　앞서 말한 것처럼 시스템 이론은 모든 시스템이 하나로 연결되어 있다는 것이다. 다르게 보면 크고 작은 여러 가지 톱니바퀴들이 하나로 연결되어 있어서 아주 작은 톱니바퀴가 돌기 시작하면 정반대 편의 아주 큰 톱니바퀴가 돌아가는 원리와 비슷한 것이다. 반대로 작은 톱니바퀴가 돌지 못하면 끝끝내 큰 바퀴를 돌릴 수는 없다.

하지만 우리가 주위에서 많이 마주치는 사람들은 처음부터 큰 톱니바퀴를 움직이려고 한다. 학생들은 100점을 맞거나 1등을 하기를 원하고, 토익을 공부하는 학생은 몇 개월 안에 900점 이상의 고득점을 원하며, 직장인들은 빨리 돈을 모아서 새집으로 이사 가고 싶어 하고, 주식을 하는 사람들은 대박 종목을 좇는다.

그런데 곰곰이 생각해보자. 가령 학생이 100점을 맞아야 한다면 무엇부터 시작해야 할까? 먼저 90점을 받아야 할 것이다. 90점을 받기 위해서는 80점을 받아야 한다. 80점을 받기 위해서는 문제집을 풀어야 하고, 문제집을 풀기 위해서는 기본서를 공부해야 하며, 기본서를 공부하기 위해서는 우선 책상에 앉아서 책을 펼치는 것부터 시작해야 한다. 만약 공부를 전혀 하지 않던 학생이 책상에 앉아서 책을 펼치기도 전에 100점을 받겠다는 큰 변화를 위해서 도전한다면 결과는 어떨까? 지금까지와는 완전히 다른 행동 패턴을 보여야 하므로 결코 만만한 일이 아니다. 아주 사소한 것처럼 보이지만, 우리가 나름대로 정해놓은 일상의 패턴에서 새로운 패턴을 잡아넣어 변화를 꾀한다는 것은 정말 어렵고 많은 노력이 필요한 것이다.

너무 비약이 심한 거 아니냐고 생각할지도 모르지만, 몸짱이 되고 싶다면 무거운 역기를 들기 전에 가벼운 아령부터 들어 올려 근육을 조금씩 키워나가야 가능하다는 것, 우리는 이미 잘 알고 있다. 시스템 이론에 접목해 말해보면, 우리가 큰 성공이나 꿈을 이루려고 할 때 우리 앞에서 100m 달리기를 하듯 전력질주 하는 친구가 있다고 하자. 과연 그 친구가 성공할 수 있을 것처럼 보일까? 성과를 빠르게 이루고 싶은 마음에 작은 변화가 꾸준하고 익숙해질 때까지 조금씩 노력하기보다는 큰 변화를 통해 빠른 성과 창출에 목말라 하는 것은 생각처럼 쉽게 일어나지 않는다. 여기서 '과연 당신의 결과는 어떠하였는가?'라고 질문은 던지고 싶다. 큰 변화와 조급함으로 성공을 이루었다면 이전에 했던 그대로 하면 될 것이다.

만약 그렇지 않다면, 무엇을 바꾸어야 할까? 아주 큰 변화보다는 아주 작은 변화, 그 작은 변화를 습관화하고 그 습관화된 작은 변화 속에서 이루어지는 아주 작은 성공, 이 성공이 가져다주는 행복을 먼저 맛보는 것이 필요할 것이다. 아주 작은 변화가 습관화되는 것은 왜 쉽지 않은 걸까? 앞서 말한 것처럼 우리는 일상 속에서 나름의 일정한 패턴을 가지고 행동하면서 살아간다. 이 패턴에서 벗어나 무언가 새로운 변화를 일으키기 위해서는 용기와 결심이 필요하다. 물론 큰 변화는 큰 용기와 결심이 필요할 것이다.

하지만 이것이 그리 만만치 않다는 것은 대부분의 사람들이 살아오면서 경험을 통해 많이 알고 있을 것이다. 우리에게는 항상 결심하고 얼마 지나지 않아서 포기했던 무수히도 많은 경험이 있기 때문이다. 다이어트도 마찬가지가 아닐까?

"한 달에 10kg 감량!" 너무나도 멋진 목표이다. 이 목표를 정하고 난 후 몇 명은 얼마 가지 않아서 말할 것이다. "다이어트는 내일부터!" 그리고 또 몇 명은 얼마 동안 열심히 운동도 하고 식단 조절도 하지만, 갑자기 만난 친구와의 모임에서 주체할 수 없는 식욕 폭발로 물거품이 되는 경험도 있을 것이다. 아주 드물게 한 달에 10kg을 감량하는 친구도 있다. 정말 사람이 달라질 정도로 몰라보게 변한 모습, 하지만 몇 개월 지나지 않아 또 몰라보게 변한 친구의 모습을 보고 놀라게 된다. 감량 이후 요요와 함께 폭발한 식욕은 내가 이전에 볼 수 없었던 체중보다 더 많은 체중을 나에게 안겨주었다.

다이어트에 성공하려면 어떻게 해야 할까? 너무 큰 목표보다는 사소해도 지킬 수 있는 한 가지 약속을 정해 조금씩 바꿔보면 어떨까? 가령, 달콤한 커피를 하루 두 잔에서 한 잔으로 줄인다든지, 10시 이후에 먹던 야식을 일주일에 한 번만 먹는다든지, 소소한 것을 하나씩 실천하다 보면, 어느 순간 그것이 습관화가 되어서 또 다른 아주 소소한 것에 도전할 만한 용기가 생기지 않을까 생각한다.

짧게 보고 가는 것이 아닌 긴 호흡으로 조금씩 조금씩 변화하는 것(Small Step), 이것이 당신의 1년 뒤, 5년 뒤의 새로운 모습을 만들어낼 것이다. 참고로 이 책을 적어나가는 동안에 다이어트를 위해 내가 소소하게 결심한 것은 하루 삼시 세끼를 든든하게 꼭 먹고 저녁 식사 후에는 다른 음식을 먹지 않는 것이다. 그리고 점심시간 식사 후에 사무실에 소등이 되면 잠시 잠자던 습관 대신에 회사 헬스장에 20분 동안 가볍게 운동하고 식사하는 것을 나의 다이어트를 위한 Small Step으로 잡았다. 이 책의 다음이 있다면 1년 후에 나의 변화된 모습을 전하고 싶다.

신념이 뭐라고 생각하세요?

다음으로 내가 말하고 싶은 것은 바로 신념이다. 솔직히 나는 NLP를 공부하기 전까지 신념이라는 단어에 대하여 그렇게 깊이 생각해본 적이 없었던 것 같다. 나의 편견일지 모르나 신념은 특정한 이념주의 같다는 생각이 들어서다. 하지만 그것은 편견이 나에게 가져온 거부감이었던 다는 것을 공부하면서 알게 되었다. 『변화와 성장을 위한 NLP의 원리 1』에서 신념에 대하여 하기와 같이 정의하고 있다.

> 신념은 세상이나 자기 자신 그리고 살아가는 모든 일에 대하여 확실히 그렇다고 믿거나 혹은 '이래야 한다, 그렇지 않으면 안 된다.'고 믿는 믿음이다. 사람은 강한 신념을 가지고 산다.

처음에 이 정의를 마주하였을 때 나는 마음속으로 이렇게 생각하였다. 나는 신념을 강하게 가지고 있지 않은 것 같다고. 하지만 NLP를 공부할 시기에 내가 이런저런 일로 많은 스트레스에 둘러싸여 있을 때를 돌이켜 보면 내가 미처 생각하지는 못했지만, 여러 신념들이 이미 나를 지배적으로 주도하고 있다는 느낌이 들었다. 내가 가진 신념에서 벗어나는 일들이 나타나면 나는 그것에 대하여 걱정하고 스트레스를 받고 있다는 것을 깨닫기 시작한 것이다. NLP를 공부하는 동안에 내가 스스로 생각했던 신념들을 몇 가지 적어보면 다음과 같다.

· 돈이 행복의 조건이 아니나, 돈은 많으면 많을수록 좋다.
· 남에게 피해를 끼치거나 손해를 입히면 안 된다.
· 정치와 종교 이야기는 극과 극으로 치달아서 하면 안 된다.
· 사람은 술을 같이 먹어야 친해진다.
· 사람은 대학을 졸업하고, 취업, 결혼을 해서 가정을 꾸려야 한다.
· 나는 뭐든지 하면 남들보다 잘할 수 있고, 잘해야 한다.

나의 신념을 읽어본 후 여러분들은 어떤 생각이 드는가? 공감이 가는 것도 있을 것이고, 저런 것을 왜 신념으로 가지고 살지 하고 의문이 드는 것도 있을 것이다. 나는 신념의 좋고 나쁨에 대해서 말하고자 하는 것이 아니다. 각자가 가진 신념의 긍정적 · 부정적 평가는 각자가 하면은 되는 것이다.

하지만 그 신념 중에서 자신이 생각했을 때 자신에게 부정적인 영향을 미치는 신념이 있어서 그것이 자기 자신을 괴롭히고 있다면 그것을 바꿔보라고 말하고 싶은 것이다. 저기 나열한 신념 중에서 '사람은 술을 같이 먹어야 친해진다'는 나에게 부정적인 영향을 미치는 신념이다. 술을 먹지 못하면 사람에 대하여 진지하게 다가갈 기회를 만들어내지 못하고 그것은 나에게 스트레스를 유발하였기 때문이다.

찬찬히 생각해보면 누구나 각자가 가진 신념 때문에 고통을 받을 때가 수없이 많을 것이다. 가령 부모들의 경우 "학생일 때는 공부를 열심히 해야 해"라는 신념이 있는데 공부를 하지 않는 자녀와 마찰이 발생할 것이고 그로 인해서 서로 상처를 주는 말과 행동이 오고 갈 수도 있다.

이럴 때 우리는 어떻게 해야 하는가? 신념을 버려야 하는가? 아니다. 우리는 각자가 가진 신념을 쉽게 버릴 수 없다. 이럴 경우 이 글의 서두에서 말한 상대방에 대한 인정, 즉 상대방의 가치관을 판단 없이 받아들일 준비를 하고, 두 번째 내가 가진 신념을 없애는 것이 아니라 나에게 긍정적인 피드백을 줄 수 있는 것으로 바꾸는 것이다.

"학생일 때는 공부를 열심히 해야 해"에서 "학생일 때 공부를 열심히 안 할 수도 있지"라고 변환하는 것이 아니고 "학생일 때는 다양한 활동들을 경험해봐야 해" 등으로 변환하라는 것이다. "공부를 안 할 수도 있지"라는 신념은 공부라는 단어를 먼저 연상케 함으로써 여전히 공부에 대해 생각하게 한다. 즉, 원래 가진 신념에 부정적인 뜻을 추가하면 원래 가진 신념이 먼저 떠오르게 되므로 그 신념을 버리기가 어려워진다. 완전히 다른 새로운 단어로서 그것이 잊혀지고 새로운 것이 찾아들어 갈 수 있도록 해야 한다.

여기서 간단하게 신념이라는 개념에 대해서 말을 했지만, 실질적으로 나를 힘들게 하는 신념을 알고 바꾸어 간다는 것은 정말 어렵다고 생각한다. 어떻게 보면 신념의 체계를 바꾸어 간다는 것은 내가 원하는 대로 내 가치관과 내 생각을 바꿀 수 있는 최고의 단계가 아닐까 생각한다. 하지만 앞의 시스템 이론에서 말한 것처럼 신념을 크게 변화시키기보다는 스스로가 받아들일 수 있도록 작은 부분부터 조금씩 실천해보는 것은 어떨까? 무엇을 위해서 신념을 바꾸어야 하느냐고? 그것은 건강하고 행복한 나의 마음을 위해서 꼭 필요한 것이다.

NLP와 함께
행복한 시간은 흐른다

　나만의 여정을 되돌아보면 예전에는 대단한 영웅이 되기를 갈급
했던 것 같다. '이전에 잘 살아왔으니까 앞으로도 대단한 여정을 가
야지'라는 생각으로 스스로 무리해가면서 인생을 살아왔다. 멈춤의
순간에서 지금의 모습을 보니 알지 못했던 행복의 시간을 같이 하
고 있었다. 내가 누구를 부러워하듯이 누군가는 나의 모습을 부러
워할 수도 있을 것이다.

　어찌 보면 이 글을 쓰고 있는 여유도 나에게는 행복이고, 누군가
와 얘기를 하는 나의 존재도 행복이다. 대단한 성취가 줄 수 없었던
나의 소소한 여정들이 어떻게 보면 영웅의 여정(Hero Journey)이 될
수 있음을 자각하고 지금 이 책을 읽으시는 분들도 각자 영웅의 여
정을 이미 걷고 있다는 것을 느껴보았으면 한다.

　앞으로도 나의 삶의 가치인 도전과 나눔을 계속 이어나가고자
한다. 그러기에 나의 지속적인 도전은 계속될 것이고, 내가 배우
고 체득한 NLP를 지속적으로 나눌 것이다. 그러한 도움을 준 것이
'Macro Mind Set'이었고, 나의 불꽃은 이러한 도전과 나눔을 지속
하는 것이다. NLP는 이러한 과정을 도와주는 친구이자 조력자가
되고 있고 이러한 계속적인 사유 덕분에 나를 믿어주고 스스로 격
려하는 나를 바라보게 된다.

나 자신을 믿는 것이 중요함을 느끼고, 나는 긍정적이고 무궁한 자원을 소유하고 있다는 것, 그리고 나다움을 인정하고 타인에게는 겸손함을 가지고 싶다. 이러한 다짐을 가지고 내가 변화하기 위해 NLP 책을 쓰는 것이고 다시 나의 생각을 정리해보고 싶었다. 그리고 이 글이 독자분들께서 NLP에 관심을 가질 수 있는 계기가 되었으면 한다.

NLP를 시작하기 전, 나의 모습은 대학원, 코칭, 직장 등 계속 이어지는 바쁜 삶 속에서 살아왔다. 그러던 와중에 나의 인생이 현재 어디쯤이고, 다음의 정착지는 어디로 가야 하는지 방향을 잃게 되었다. 한마디로 현타와 마주하게 되었다. 우연한 기회에 NLP를 시작하게 되면서 그러한 시간들이 나에게 많은 영감과 깨달음을 주었고, 책까지 발간하게 되었다.

사실 나는 글쓰기를 매우 두려워하는 사람 중의 하나다. 글 한 줄 쓰는 것도 길게는 몇 시간이 걸리고 문장 하나 적는 데도 머리에 쥐가 나는 한마디로 '글치'이다. 이런 나에게 책을 쓰는 용기와 과감하게 도전할 수 있는 마음을 심어준 것은 바로 NLP의 영향이었다.

NLP와 함께하였던 시간들은 나에게 크고 작은 긍정적인 변화를 경험하게 하였고, 나도 꽤 괜찮은 인생의 여정을 살고 있는 사람이라는 것을 느낄 수 있었다. 이러한 경험을 책으로 옮기는 과정에서도 계속적인 내적 성장을 하고 있는 나를 발견할 수 있었다. NLP와 함께한 시간은 내 느낌에는 찰나의 시간처럼 짧았지만, 책을 쓰는 즐거움과 몰입이라는 선물을 준 NLP에게 다시 한번 감사 인사를 전하고 싶다.

그렇다면 과연 NLP는 나에게 어떠한 선물을 주었을까? 첫 번째로 NLP는 나 중심의 관점에서 벗어나 타인과의 관계를 다시 바라볼 수 있게 해주었다. 나는 여타의 평범한 사람들과 같이 직장생활을 거치면서 '나' 중심의 삶을 살아왔었다. 평범만 40대의 남자들이 그렇듯이 자신의 이력도 정점으로 치닫고, 그러면서 점점 고집도 세지고 타인과의 공감능력도 떨어지게 된다.

마음이 사람으로 향해야 공감이 생기고,

마음이 나로 향하면 성찰이라고 했던가.

숨 가쁘게 돌아가는 시간의 굴레에 빠져 미처 돌아보지 못했던 삶에서 떨어져 나간 조각들은 내 가족들과 동료들 그리고 주위 사람들과의 관계였고, 이를 다시 한번 생각해보는 시간이 되었다. 나 중심의 관계가 아닌 서로 간의 관계가 '거미줄'처럼 엮여 있고, 서로 도움을 주고 있는 긍정의 원소들이었고 그들로 인해 내 삶이 지지가 되고 있다는 것을 느낄 수 있었다.

두 번째로는 NLP와 함께하면서 나를 순수하게 바라보고 나의 인생을 바라보는 관점이 달라질 수 있었다. 우리는 살면서 스스로를 얼마나 순수한 시선으로 바라보았을까? 그리고 자신을 성찰의 기회가 얼마나 있었을까? 나는 NLP를 통해 나의 존재, 내가 진정으로 원하는 삶을 차근히 정리해볼 수 있었다.

NLP에서는 나의 여정을 한 발 한 발 내딛는 연습을 하게 된다. 그러한 도구 중의 하나가 'Self Alignment'이며, 내가 어떠한 사람으로 기억되고 싶은지 진정으로 바라는 나의 가치와 신념 그리고 잠재된 능력과 내가 어떠한 행동을 하고 환경을 만들지 정렬시키는 작업을 할 수 있었다. 이러한 과정으로 내 인생의 전환점을 마련하고, 먼 미래를 넓고 긴 관점에서 나를 설계해나가는 여유가 생기게 되었다.

세 번째로는 인생의 위로를 받을 수 있었고, 새로운 도전을 할 수 있는 원동력을 만들어낼 수 있었다. 인생은 한 번 이상 뒤집힐 때가 있다. 내가 원하든 원하지 않든 그러한 상황을 혼자서 잘 이겨내는 사람들도 있지만, 그렇지 못한 사람들도 있다. 나는 후자에 속했기에 NLP를 통해 이를 극복하고 위로를 받을 수 있었다.

NLP 수업 과정 중에 나누었던 'sponsoring'을 통해서 나를 지지하고 응원하는 주위의 목소리들이 많다는 사실을 깨달았고 그러한 지지 덕분에 다시 일어설 수 있는 회복의 문을 두드릴 수 있었다. 삼겹살을 구울 때 한 면이 익으면 다른 면을 익혀야 하듯이 어려움과 난관을 만났을 때 인생이 뒤집힌다기보다는 이러한 과정에서 삶이 성숙되고 새로운 시작을 하는 지극히 자연적인 현상임을 깨달을 수 있었다.

내가 경험한 NLP는 나를 응원해주고 내 삶의 가치를 다시 정리하게 하는 조력자였다. NLP를 통해 '도전과 나눔'이라는 나만의 가치를 만들어냈고 이는 내 앞날에도 삶의 방향타가 되어줄 것이다. 긍정의 에너지를 나누는 동기들과 함께 앞으로도 배움을 했다는 것이 그 무엇보다도 빛나는 추억이었고, 그들과 여전히 이러한 장(場)에서 교류하고 있다는 것이 나에게 인생 최고의 선물이 되고 있다.

✦ NLP와의 첫 대면
   – NLP 프랙티셔너 과정

NLP 프랙티셔너 수업을 시작하면서 내가 마주했던 NLP는 신선함 그 자체였다. 한 번도 고민하지 않았던 '나의 존재'에 관해서 묻기 시작했고, '도전'이라는 나의 삶의 가치를 생각해보는 시발점이 되었다.

그중에서 나에게 큰 영향을 주었던 NLP 프랙티셔너 과정은 '자원 개발'과 '10단계 목표 명확화 프로세스'였다. '자원 개발'로 나의 가치를 느꼈던 것이 '도전'이었다. 인도 주재원으로서 시장 개척, 베트남 총괄로서의 관리자로서의 삶은 도전이었고, 이로 인한 나의 발전으로 이어졌다. 나의 도전이라는 삶의 가치를 자각하면서 16년 간의 기존 회사를 과감하게 뒤로하고 새로운 직장으로의 변화를 주었고 나의 새로운 꿈도 꿀 수 있었던 계기를 마련해주었다. 그리고 10단계 목표 명확화 프로세스를 통해서 내가 진정으로 간절한 목표를 통해서 나의 꿈을 보다 세부적으로 정리해볼 수 있었다.

2021년 1학기에 NLP 프랙티셔너 수강을 마무리하고 이후의 배움을 어떻게 이어나가야 할지 방향을 잃어버리면서 고민이 찾아왔다. 이러한 과정에서 나의 삶의 가치인 도전과 함께 '나눔'이라는 가치도 발견할 수 있었다.

이러한 나눔이라는 가치를 생각하면서 시작한 것은 '독서모임'이었다. 이 모임의 취지는 책을 평소에 많이 읽지 않았던 동료들과 함께 그룹을 만들어 2주에 1권씩 책을 읽고 느낀 점을 나누는 것이었다. 그러던 차에 이 모임을 하면서 내가 배운 NLP를 이분들과 같이 나누면 어떨까 하는 생각이 들었고, 그동안 먼지와 함께 나뒹굴고 있던 NLP 교재와 과제들 그리고 필기했던 내용을 꺼내어 읽어보게 되었다. 시간이 지나고 묵혀왔던 NLP를 다시 공부하면서 또 다른 배움을 느낄 수 있었다.

무엇인가를 나눌 수 있는 그 자체로도 가슴이 뛰었고, 독서모임에서 같이 나누었던 NLP는 나만의 옷으로 재단해볼 수 있었으며, 이러한 과정은 나의 불꽃을 다시 만들어내었다. 특히 독서모임에서 참가했던 한 분이 'NLP Timeline'을 통해서 자신의 미래를 정리한 후 그 Timeline을 통해 하나하나 성취해가는 모습을 지켜보면서 뿌듯함을 느낄 수 있었다. 그렇게 NLP를 통해 나의 삶의 가치인 '도전'과 '나눔'을 발견하고 함께하는 삶은 새로운 행복을 가져다주는 Delivery Hero가 될 수 있었다.

✦ 인생의 작은 파동을 만나다
- NLP 마스터 프랙티셔너 과정

2022년 여름, NLP 중급 과정이라고 볼 수 있는 마스터 프랙티셔너 과정을 새롭게 시작하였다. 당시 개인적으로 몸과 마음, 정신이 모두 지쳐 있었던 상황이 지속되어 수업을 시작할 수 있을지 걱정이 컸다.

이러한 시기에서 NLP 마스터 프랙티셔너 과정은 나의 에너지를 끌어올릴 수 있는 소중한 시간이었다. 앞선 NLP 프랙티셔너 과정에서 나의 가치를 찾았다면, NLP 마스터 프랙티셔너 과정에서는 내 인생의 여정을 정리해볼 수 있었다. 이러한 여정을 설명하기 위해 NLP 전제를 활용해 소개하고자 한다.

NLP 전제 : 사람은 어떤 환경, 상황에서나
최선의 것을 선택한다

일생을 통틀어 무언가 선택하는 순간이 많지만, 그중에서 중요한 것만 꼽으라면 직장, 결혼, 자녀, 배움 등등이 있겠다. 이 전제를 통해서 영향을 받았던 인생의 부분 중 이직이 있었다. 삶의 도전이 개인적인 가치였던 나에게 있어 도전이면서 나를 자극시킬 수 있는 플랫폼이 되어줄 것이라는 막연한 기대가 있었다. 지금 생각해보면 당시에 나의 자만이 가장 크지 않았을까 하는 생각이 든다.

나에게 있어서 직장과 일은 인생의 8할이 넘는 중요한 의미를 차지했다. 하지만 그 인생의 8할이 그림자로 바뀌었을 때 나에게 어떠한 영향을 줄 것인지 미리 예상하지는 못했다. 아이러니하게도 일에 대한 열정과 비례하여 스트레스에도 노출되었었고 이러한 관리가 쉽지 않았다. 이러한 주변 스트레스 환경에 한 번 빠지면 허우적댈수록 점점 깊은 곳으로 빠져들게 되었다.

나는 회사를 이직하고 1년이 지나도록 걱정과 불안감에 사로잡혀 있었고, 회사 내부 관계도 좋지 못한 상태가 이어져 불면증이 몇 달간 지속됐다. 불안 증세 외에도 말조차 제대로 나오지 않는 상황에 이르렀고 나의 상황이 심각하다는 것을 피부로 느낄 수 있었다.

이러한 상황을 극복하고자 상담과 코칭을 정기적으로 받았고, 병원 진료도 받아보았지만 심리적인 불안함과 불면증은 지속되었다. 이렇게 몇 달을 보내다 보니 우울증으로까지 전이되었다.

이러한 가운데 NLP 마스터 프랙티셔너 과정이 신설된다는 얘기를 듣고 지푸라기라도 잡고 싶은 심정으로 수강 신청을 하였다. 하지만 이미 침체된 마음과 정신 그리고 몸이 한 번에 달라지기는 힘들었다. 오히려 NLP 마스터 프랙티셔너 과정 또한 제대로 적응하지 못해 중간에 그만두어야 하는 것은 아닐까 고민이 컸었다. 그러한 상황에서 교수님과 NLP 마스터 프랙티셔너 과정을 같이 수강했던 동료 사부님들의 도움으로 중단하지 않고 힘겨웠지만 수업 과정을 이어나가게 되었다.

이러한 상황에서 '순수의식'이라는 과정을 접하게 되었고, 긍정적인 문구들을 계속 외치면서 나는 인생을 실패한 것이 아니라, 인생의 과정을 걷고 있고, 내 존재는 이미 온전하고 완전한 사람임을 찾을 수 있었다. 꺼져 있던 자신감의 불씨를 NLP 마스터 프랙티셔너 과정 말미에 가서야 발견할 수 있었다. '순수의식'과 나의 'Macro Mind Set'을 참석했던 모든 분들 앞에서 선언하고 스스로의 정신과 마음과 몸의 점수를 외쳤을 때 '너는 다시 깨어날 수 있어'라는 절실한 포효의 외침이 온몸에 스며들었다.

뒤돌아 생각하면, 지난 2달간의 수업과정을 통해 교수님과 같이 참여했던 사부님들의 격려가 나를 점차 회복시키는 계기를 마련해 주었던 것 같다. 그 안에서 나도 모를 '용기'라는 것이 튀어나왔고, 회사를 접고 나의 휴면기를 과감하게 선택할 수 있었다.

자존심으로 버티기보다는 안되는 것은 안된다고 인정해야 했고, 이 상황을 끌어안고 있어야 상처만 된다고 생각했기 때문이었다. 인생은 내가 짜놓은 계획대로만 움직이지 않으니 이 과정에서 나 자신을 믿고 유연하게 변화해야 하는 순간의 기다림도 필요하다는 것이 NLP 과정을 통해 얻은 결론이었다. 설령 철저하게 고독으로 떨어지는 상황이 놓이고 나 자신을 나락으로 버리기도 해야 하는 상황도 있지만, NLP와 내 주위의 사람들이 하나의 축이 되어 나에게 든든한 버팀목이 되어주었다.

물론 아직도 여러 치료를 받으면서 극복해나가야 하지만, 내가 선택했던 순간들에 대해서 후회는 없다. 오히려 이러한 선택으로 새로운 경험과 나를 다시 돌아보고 성장할 수 있는 시간을 가졌고 이는 마음의 충만함으로 이어질 수 있었다. 결국에는 회복할 것이다. 그리고 더 나은 발전과 성장을 할 것이다. 그때까지 느리다고 답답해하지 않고 나만의 보폭으로 한 발 한 발 디뎌볼 것이다.

NLP 전제 : 행복은 우리가 만나는 사람들에 의해 결정된다

지금 세상은 따라갈 수 없을 만큼 빠르게 변화되고 있으며 이를 통해서 다양한 환경에 놓이게 되고 이러한 환경을 통해서 때로는 좋은 사람들과 그렇지 않은 사람들을 만나게 된다. 이들을 통해서 행복한 관계를 맺지만 많은 경우들이 직장이나 가족 내 환경으로 갈등을 빚는 경우가 더 많을 것이라고 생각된다.

이러한 상황에 놓이면 대부분의 사람들은 "다 마음먹기 나름이다", 일체유심조(一切唯心造)를 떠올리며 그 상황을 꿀떡 먹듯이 넘기라고 한다. "다들 그렇게 살아, 너만 유달리 민감한 것 같다"는 얘기를 들으며 목에 침이 넘어가기도 힘든 스트레스와 어려움을 삼키다 보면 어느 순간 마음의 불편함이 느껴지고 몸에 증상이 나타난다.

그때 필요한 것이 무엇일까? 혼자만으로 극복해낼 수도 있겠지만 사람으로 만들어진 상처는 사람으로 치유하는 것이 중요하다고 생각한다. 가까이 있는 것들은 서로 물들게 되니, 내 주변에 좋은 것, 행복한 것을 최대한 곁에 두고 나와 가까이하는 시간을 가져보는 것도 필요하다고 본다.

나에게 긍정적이고 열정의 에너지를 주고 있는 사람들과 긍정과 열정의 에너지를 만나고 있으면 나 또한 행복에 물들 수 있고 조금씩 회복의 탄력성을 만들어낼 수 있다. 물론 일사천리로 몸이 바뀌지는 않는다. 조제한 약 하나 먹고 모든 병이 금방 치료될 수 없듯이 다른 노력도 수반되어야 한다. 물론 이러한 자원은 개개인이 가지고 있지만, 조력자나 에너지를 한껏 담고 있는 조직체를 만난다면 잊고 있던 자원을 다시 캐낼 수 있을 것이다.

나도 NLP 과정에서 아주대학원 코칭 핵심과정의 동기들을 만나며 지속적인 모임과 코칭을 통해 내가 잃어버렸던 자원을 찾았고, 스스로가 실패라고 생각했던 삶의 바닥에서 조금씩 정상적인 내 모습으로 돌려가는 중이다. 물론 가족의 사랑과 끝없는 인내가 나의 근본적인 뿌리를 치유해주고 있다.

가끔은 지친 나에게 숨을 틔워주고 쉴 수 있는 공간을 내어주고 나를 위한 시간에 행복하게 할 수 있는 일들과 함께하며 넉넉히 나만의 천천히 쉴 수 있는 시간을 주면 좋겠다. 그러한 시간들을 통해서 안 된다기보다는 '이제는 할 수 있어!'라는 긍정이 시그널을 외치면서…. 행복은 우리가 만나는 사람들에 의해 결정된다.

✦ 에필로그

삶을 다시 시작한다면 어떻게 살고 싶을까? 시한부 인생을 마주했다가 극복하고 다시 인생의 2막을 산다면 어떻게 보내야 할까?

여러분들은 한 번쯤 인생에 큰 변화를 겪었거나 현재 그러한 변화를 마주하고 있을 수도 있다. 만약 이러한 변화의 기점에서 누군가 도움을 주는 조력자가 옆에 있다면 인생의 거친 파도를 보다 유연하게 헤쳐나갈 수 있을 것이다. 이러한 조력자가 NLP라고 여러분에게 이야기한다면 여전히 과장된 이야기일까?

40대 중반을 넘어가면서 물질적인 욕구나 성공이라는 유혹도 100% 내게 만족이나 풍족함을 가져다주지는 못했던 것 같다. 오히려 미디어를 통해서 보면, 경제적으로 누구나 부러워할 만큼 많이 가진 사람이나 사회적으로 유능한 사람들이 행복하기보다는 하루하루 닥쳐오는 문제 더미에 치여 살면서 자신을 잃어버리는 모습을 자주 볼 수 있다.

NLP는 우리가 피할 수 없는 이 많은 문제들이 주는 의미와 그 너머의 행복은 무엇인지 바라볼 수 있는 우리만의 '렌즈'를 가져다줄 수 있다. 그러한 경험이 쌓이다 보면 새로운 길을 떠날 수 있는 용기도 생기고 그에 대해 준비를 할 수 있을 것이다. 우리는 누군가가 걷지 않은 저마다의 영웅의 여정을 걷고 있고 그들의 한 발짝 한 발짝을 나는 진심으로 지지하고 응원하고 싶다.

마지막으로 40점 이하 남편을 100점으로 맞이해주는 아내, 항상 나를 지지해준 딸 시연이 그리고 부모님과 형제들과 처가 식구, 핵심 2기 동기들, NLP 동기들, 이성엽 교수님께 고마움을 전한다.

13장

박형근

나의 영웅의 여정 이야기

✦ '영웅의 여정' 발췌
(『의식 리더십과 회복 탄력성』 참고)

   역경과 위기 그리고 변화에 대처하는 것은 조셉 캠벨이 이야기한 '영웅의 여정'이 매우 좋은 모델이다. 영웅들은 비전과 미션을 가지고 위험을 무릅쓰며, 불확실성에 맞서고, 감당할 수 없을 것 같이 보이는 난관들을 극복한다. 캠벨에 따르면, 영웅의 여정은 다음과 같은 기본적인 단계들로 구성된다.

영웅의 여정

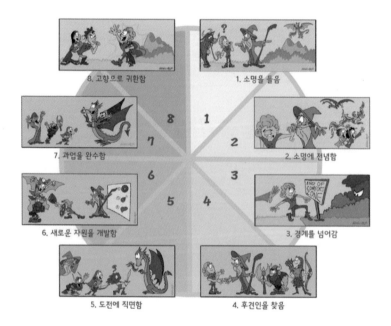

186

소명 듣기(Hearing a Calling)

우리 정체성의 수준, 삶의 목표 또는 미션과 어떤 식으로든 맞닿아 있는 소명을 듣는다. 이러한 소명들은 다양한 형태로 다가올 수 있으며, 종종 중요한 전이점들을 제시한다. 또한, 이런 소명들은 대개 변화하는 환경의 결과로서 듣게 되며 대부분 매우 도전적이다. 이러한 소명들은 일반적으로 정체성의 확장 또는 진화를 수반한다.

소명에 전념함(Committing to the Calling)

소명에 대한 헌신은 우리가 기존에 가지고 있던 능력이나 세상에 대한 지도 속에 있는 경계 또는 한계와 맞닥뜨리도록 우리를 이끈다. 우리는 그 소명을 받아들일 수도 있고 아니면 애써 무시할 수도 있다. 이는 본인의 선택이다. 그러나 그 소명을 거부하거나 간과하면 종종 우리 삶에서 문제나 불길한 조짐이 생기거나 심해지며 우리가 무시할 수 없는 위기를 촉발시킨다.

경계 넘어가기(Crossing the Threshold)

현재의 안락한 영역을 벗어나 경계를 넘게 되면 우리는 이전까지는 알지 못했던 어떤 새로운 영역으로 내몰리게 된다. 그 영역은 우리가 성장하고 진화하도록 밀어붙이며 지원과 도움을 찾아 나서도록 요구한다. 캠벨에 따르면, 이 경계는 일반적으로 귀환 불가 지점이며 일단 우리가 그 지점을 지나게 되면 이전의 상태로는 되돌아갈 수 없음을 의미한다. 우리는 미지를 향해 전진해가야만 한다.

후견인 찾기(Finding Guardians)

용기 내어 경계를 넘으면 후견인, 즉 멘토나 후원자를 찾는 과정이 자연스럽게 따라온다. 후견인은 우리가 발전시켜 나가는 핵심적 관계로서 기량을 연마하고, 더욱 자신감을 가지며 목표에 집중할 수 있도록 응원해준다. 비록 영웅의 여정이 지극히 개인적일지라도 우리가 홀로 할 수 있는 것은 아니다. 우리는 열린 마음으로 경계가 없어야 하고 기꺼이 후견인의 지원을 받아야 한다.

경계 너머의 영역은 우리에게는 새로운 영역이기 때문에, 어떤 유형의 후견인이 필요할지, 누가 우리의 후견인일지 사전에 알 수가 없다. 때로는 필연의 후견인들을 전혀 생각하지도 못했던 곳에서 만나기도 할 것이다. 따라서 우리는 여정의 모든 발걸음마다 열린 마음으로 '안내와 지원을 받아들이려는' 자세를 유지해야 한다.

도전에 직면하기(Facing challenges)

도전(혹은 악마들)에 직면하는 것 또한 경계를 넘어서는 행위의 자연스러운 결과이다. 악마란 일반적으로 우리가 영웅이 되는 것을 반대하거나 영웅이 되지 못하도록 유혹하거나 또는 존재를 부인하기 위해 나타나는 모든 것을 말한다. 물론 '악마들'이 반드시 사악하고 나쁜 것만은 아니다. 그것들은 단순히 '에너지'의 한 형태로서 우리가 소위 악마들과 싸우고, 받아들이고 경우에 따라서는 그 악마들을 통해 다시 여정의 방향을 잡는 법을 배울 필요가 있다. 종종 악마들은 단순히 우리 내면의 두려움과 그림자들 중의 하나를 투영한 것일 뿐이다. 우리 내면의 또 다른 곳에서 들려오는 메시지, 즉 '부정적인 후원'과 맞서야 한다.

새로운 자원 개발하기(Developing New Resources)

불확실성에 대응하고 악마들을 변형시키기 위해서는 새로운 자원을 개발하는 것이 필요하다. 영웅의 여정은 궁극적으로 배움과 자기 진화의 길이다. 경계를 넘어 새로운 영역으로 들어가고 악마를 변형시키도록 도와주는 자원은 신념, 능력, 숙련된 행동과 그리고 복잡성, 불확실성, 저항을 극복할 때 실행에 옮길 수 있는 도구들이다. 자원 개발은 유연성 개발하며 내면 세계는 물론 외부 세계의 새로운 영역을 성공적으로 항해하고 그 여정에서 만나게 되는 걸림돌과 장애물들을 극복하는 데 필요한 능력을 키우는 활동으로 우리가 반드시 해내야 하는 분야이다.

과업 완수(Completing the Task)

우리의 소명이 불러낸 과업을 끝내고 소명을 완수하는 방법을 찾는 것은 궁극적으로 여정에서 이룬 성장과 발견을 통합한 새로운 세계 지도를 만들어냄으로써 달성된다.

고향으로 귀환하기(Returning Home)

완전히 변화하여 고향으로 귀환하기 그리고 여정에서 획득한 지식과 경험을 다른 사람들과 나누기. 당신이 사람들에게 새로운 정체성으로 보여지고, 그 정체성으로 인정받는 것이 중요하다. 이것은 개인의 변화 주기를 완성하기 위해서도 필요한 것이다.

✦ '박형근'이라는 불리우는 존재의 영웅의 여정 이야기

소명 듣기(Hearing a Calling)

2000년 7월 1일 3M Korea 연마재팀에 입사하여 15년 동안 세일즈, 마케팅 업무를 담당하였다. 영업부의 특성상 세일즈 결과가 가장 중요한데 2000년대 초반 긍정적인 외부환경 덕분에 조금 수월하게 목표를 달성한 적도 있었고, 금융위기 시절이나 내부적인 요인에 의해 목표달성에 어려움을 겪기도 하였다. 많은 일들이 있었지만 내가 하는 일에 진정성을 가지고 임했으며 한눈팔지 않고 15년간 유통채널 전문가로 성장해나갈 수 있었다.

그러던 어느 날 처음으로 헤드헌터로부터 전화를 받게 되었고 Dow Chemical Korea 오토모티브팀장으로 이직을 제안받았다. 주변에 헤드헌터를 통해 이직한 동료분들이 있었으나 3M Korea에서 정년퇴직하리라 생각하고 있었던 나는 처음 겪는 일이었다. 무엇보다도 어떻게 나라는 존재를 알고 연락을 하게 되었는지 궁금했고 신기했다. 순진하게도 오픈된 포지션에 지원하는 후보 중 한 명일 뿐이었는데도 왠지 시장에서 나의 가치를 인정해주는 것 같아 뿌듯한 마음도 있었다.

그렇게 이직에 대한 고민이 시작되었다. 계속 고민하는 바보온달 같은 나에게 평강공주 같은 아내가 아직 합격한 것도 아닌데 너무 고민하지 말고 경험 삼아 면접을 보라고 하였다. 그렇게 나는 우연한 기회에 관심을 가지게 되었다.

소명에 전념함(Committing to the Calling)

이직을 할지 말지는 합격한 이후에 결정하자는 생각으로 우선 면접 준비에 최선을 다하기로 하였다. 1차 면접은 직속상사가 될 APAC Commercial Head인 중국 여자분이었다. 나름대로 인터넷 검색 등을 통해 면접 준비를 했지만, 너무나 오랜만에 면접을 준비하면서 긴장이 되었다. 면접일이 월 마감날이라 Dow Chemical Korea HR부서에 양해를 구하고 제일 처음 순서로 면접을 보았던 기억이 난다. 솔직히 말하자면 면접의 합격 여부보다는 월 마감 숫자가 더 신경 쓰였다.

처음 대면한 직속상사는 차분하면서도 카리스마 있는 느낌이었다. 오랜 기간 다닌 회사를 왜 옮기려고 하느냐는 질문에 예전 멘토분의 조언을 공유하였다. 이직을 할 때 정말로 하고 싶은 일이거나 연봉이 30% 이상 인상되지 않으면 현재 직장에 머무는 것을 다시

고려해보라는 말씀이었다. 사실 오토모티브시장 전문가도 아니었고 정말로 하고 싶은 일도 아니어서 솔직하게 더 늦기 전에 새로운 도전을 해보고 싶어서 지원했다고 이야기했다. 원하는 연봉에 대해서도 30% 인상을 이야기했다. (물론 희망사항으로 끝났다) 다행히 나의 솔직한 대답이 마음에 들었는지 1차 면접에 합격하고 HR Head 분과 2차 면접을 보게 되었다.

원래 HR Head 분과의 면접은 계획에 없었는데 이게 면접인가 하는 생각이 들 정도로 편안하게 대화를 나누었던 기억이 난다. 이후로 한참을 기다린 이후에 최종적으로 Division President 분과의 최종면접 날짜가 잡혔다. 면접 시 친근하게 이름을 불러야 할지 Mr. 라는 호칭으로 불러야 할지 몰라서 당시 전화영어 선생님이었던 외국 분에게 조언을 구했다. Mr. 라는 호칭을 쓰면 보통 상대방이 이름으로 부르라고 알려줄 거라는 이야기를 듣고 최종면접에 임하였다. 하지만 친근하게 이름을 불러달라는 멘트 없이 어떻게 진행되었는지 기억도 안 나는 영어인터뷰가 진행되었고 마무리 시점에 물어보고 싶은 것이 있느냐고 했을 때 내가 미리 준비했던 질문을 하였다. 아마도 이 질문에서 좋은 점수를 딴 것으로 생각한다.

그리고 헤드헌터를 통해 최종 합격소식을 전해 듣고 오퍼레터라는 것을 처음으로 받아보았다. 이제 천천히 이직에 대한 고민을 해봐야겠다고 생각했는데 헤드헌터가 내일까지 오퍼레터에 사인을 해야 한다고 했다. 15년 동안 다닌 직장을 옮기는 인생의 중요한 결정인데 24시간 이내에 의사결정을 해야 하니 당황스러웠다. 헤드헌터는 면접을 진행한 것 자체가 이직한다는 의미인데 이제 와서 무슨 소리냐는 반응이었다. 다른 내부 후보자도 있어서 빨리 결정하지 않으면 기회를 놓친다는 말도 함께 들었다. 헤드헌터분께 나의 상황을 이야기하고 최종적으로 48시간의 시간을 벌었다.

경계 넘어가기(Crossing the Threshold)

첫날은 이직에 대한 주변의 조언을 구하는데 시간을 많이 할애하였다. 이직 고민을 회사 내 사람들과 할 수 없어서 친척, 선배, 친구, 먼저 이직한 동료분들 중 믿음직한 분들과 이야기를 나누었다. 6명에게 의견을 구했는데 정확하게 3:3으로 의견이 갈리었다. 나보다 연배가 높았던 분들은 3M Korea에 남아서 커리어를 개발하라는 조언을 주셨다. 이유는 15년간 쌓아온 것들을 처음부터 다시 시작하기가 쉽지 않다는 것, 유통채널 전문가에서 엔드유저 전문가로 전환이 쉽지 않다는 것이었다. 나와 비슷한 나이의 젊은 친구들은 이직을 권유하였다. 2~3년 후면 이직 기회조차도 오지 않으니 이번이 새로운 도전을 할 좋은 기회라는 것이 이유였다.

그 날 저녁, 아내와 밤새 의논을 하였다. 주변 지인들의 조언을 나누고 가족의 미래를 그려보고 이직의 장단점을 점검해봤지만, 어느 한쪽으로 저울이 쉽게 기울지 않았다. 밤새 이런저런 이야기를 나누다 아침 무렵에 아내가 이번 기회에 도전해보라고 하였다. 찬성하는 이유를 묻자 지금 도전하지 않으면 나중에 후회할 것 같아서라고 말하였다. 오전에 일찍 문을 연 브런치 카페에서 함께 커피를 마시면서 최종적으로 생각을 정리하고 오퍼레터에 사인하였다.

15년 다닌 회사를 그만두는 것이, 무엇보다도 나와 우리 가족이 사랑한 3M Korea를 그만둔다는 것이 쉽지 않았지만, 상사와 동료분들의 이해와 배려 덕분에 퇴직 절차를 잘 마무리하고 새로운 도전을 하게 되었다. 그렇게 나는 경계를 넘었다.

후견인 찾기(Finding Guardians)

생각해보면 새로운 도전은 절대 쉽지 않았다. 내가 잘 알지 못하는 시장과 고객, 내부 팀원들과의 초반 줄다리기, 새로운 프로세스와 규칙들, 보이지 않는 곳에서 나를 바라보고 있는 시선들 속에서 하루하루 최선을 다하는 것으로 헤쳐나갔다.

나의 가장 큰 후견인은 직속상사인 Cherry Zhu였다. Cherry는 면접 때와 동일하게 따뜻한 배려와 조언으로 내가 자리 잡을 때까지 지원하였다. 하지만 가장 당황스러운 건 언어였다. 아니 언어의 속도라고 해야 하나? 면접 때 또박또박 천천히 이야기하던 모습은 간데없고 중국사람 특유의 속도로 이야기하는 영어를 나는 알아들을 수가 없었다. 업무 지시를 받았는데 무슨 말인지 몰라서 수행하지 못하는 어처구니없는 상황이 발생했다. 궁여지책으로 나는 Cherry와의 Weekly catch up 전화를 녹음하여 반복해 들었고, 1년 정도 지나자 녹음 필요 없이 편안하게 의사소통을 할 수 있었다.

이직 초기에 Dow Chemical Company Chief Commercial Officer 이신 Joe Harlan 씨가 한국을 방문하였다. Joe도 3M 출신인데 첫 대면에서 어디서 왔느냐고 묻길래 3M에서 왔고 당신을 안다고 했더니 반갑게 맞이해주었다. 당시 타운홀에서 Joe가 직원들에게 해준 이야기가 기억에 강하게 남아 있다. 아침에 일어났을 때 회사에 가는 것이 즐겁지 않으면 본인을 위해서라도 다른 회사 혹은 다른 경력을 찾아보라는 것이었다. 나는 아직도 가끔씩 '지금 내가 행복한가?'라는 질문을 하곤 한다. 일이 즐겁고 행복한 사람이 있겠느냐마는 최소한 불행한 느낌은 없어야 일을 할 수 있다고 생각한다.

Cherry는 나에게 또 다른 후견인을 소개해주었다. 다른 디비전의 APAC Head인 Alan Chan은 Cherry와는 또 다른 지원과 조언을 해주었다. 특히 Cherry와 상의하기 껄끄러운 팀 내 문제에 대해 편안하게 상의를 할 수 있었다. 내부 팀원과의 갈등이 있었던 시기에 Alan이 해준 조언이 가장 기억에 남는다. 팀원을 나의 가족이라고 생각하면 어떻게 대해야 할지 조금 명확해진다는 것이었다. 이 조언은 현재까지도 내가 소중하게 생각하고 실천하는 조언이다.

이렇게 여러 명의 후견인 덕분에 초반 팀원들과의 줄다리기 과정을 무사히 마치고 Dow Chemical Korea Automotive팀은 비즈니스 성장과 함께 하나의 멋진 팀으로 성장하게 되었다.

처음 팀 리더를 맡으면서 마음속에 남아 있는 순간이 있다. 첫 번째 순간은 안면도로 1박 2일 팀워크샵을 갔을 때였다. 1박 2일 워크샵을 함께 준비하면서 우리는 즐거웠고 웃음이 그치지 않았다. 다른 팀에도 소문이 나서 오토팀 워크샵이 한동안 회자되었다.

두 번째 순간은 팀원의 수상을 도왔던 기억이다. 1년 동안 우수한 성과를 만든 사람들을 대상으로 Pinnacle Award를 진행했는데 좋은 성과를 낸 팀원의 스토리를 잘 다듬어서 해당 팀원이 Dow Chemical Korea 오토팀 최초로 수상을 하게 되었다. 이게 별거 아니게 느껴질 수 있겠지만 중국이 한국의 10배의 세일즈 규모를 하고 있었던 상황에서 예상을 뒤엎은 성과였다. 무엇보다도 다음 해에는 육아휴직에서 복귀한 Customer service 분의 스토리를 잘 다듬어서 또 하나의 Pinnacle Award를 만들었다. 팀 리더로서 비즈니스 성과를 만드는 것도 중요하지만 팀원들의 성과가 인정받게 도울 수 있어서 더욱 기쁜 순간이었다. 두 분은 현재 각자의 위치에서 리더의 역할을 수행하고 있으며 또 다른 스토리를 만들어가고 있다. 후견인의 지원을 받고 성장한 내가 또 다른 사람의 후견인이 된 것이다.

도전에 직면하기(Facing challenges)

잘 풀려나갈 것만 같았던 회사생활은 다우-듀폰 합병 후 분사라는 새로운 도전에 직면하게 되었다. 행동주의 헤지펀드의 압력으로 미국 거대 케미칼 회사가 합병하기로 발표한 것이다. 두 회사의 합병으로 세계 2위의 화학 회사가 되었으나 합병 초기부터 사업부 정리 후 3개의 회사로 분사한다는 계획이었다. 당시 내가 속했던 오토모티브사업부는 다우에 남아서 듀폰의 엔지니어링 플라스틱사업부와 합칠 예정이었는데 중간에 계획이 변경되어 반대로 듀폰으로 사업부가 넘어가게 되었다. 이렇게 나의 의사와는 상관없는 외부환경의 변화로 이직 같지 않은 이직을 하게 되었다.

다행히 새로운 환경에서 좋은 사람들을 만나서 별다른 우려 없이 자리를 잡을거라 기대했는데, 1년 마다 바뀌는 업무로 커리어상 비전을 찾을 수 없었다. 새로 맡은 업무에서 맨땅에 헤딩하며 1년간 씨를 뿌리고 수확을 기대하는 순간 또 다른 업무로 전환되는 경험을 하였다. 무엇보다도 나의 노력으로 극복할 수 없는 외부환경에 일종의 무기력감을 느끼면서 돌파구가 필요했다. 여러 가지 고민을 하다가 아주대학교 경영대학원에서 MBA 과정을 시작하게 되었고 이것은 나의 인생에 터닝포인트가 된 결정이었다.

새로운 자원 개발하기(Developing New Resources)

MBA 과정에서 가장 먼저 얻은 자원은 긍정적인 에너지였다. 나와 함께 수학하던 아주대 64기 동기들은 하나같이 에너지가 넘치는 사람들이었다. 도대체 어디서 이런 사람들이 나타났나 하는 생각이 들 정도였다. 마치 대학생 때로 돌아간 느낌도 있었지만, 그것보다는 합병이라는 거대한 변화 속에서 무기력하게 움츠려 있던 나 자신을 다시 일깨워준 긍정에너지였다.

그리고 나의 인생에 큰 영향을 준 코칭을 알게 되었다. 코칭을 통해 무엇보다도 나 자신을 돌아볼 수 있었고 사람에 대한 객관적인 시각을 가지게 되었다. 현재 나는 회사 일과 별개로 코치로서 활동하고 있고 앞으로도 계속 이어나갈 것이다. 코칭과 함께 알게 된 NLP는 또 다른 선물이다. 나에 대해 보다 깊게 들어간 느낌이라고 할까? NLP 프랙티셔너, 마스터 프랙티셔너 과정을 거치면서 나의 코칭도 깊어졌고 한층 성숙해진 느낌이었다. 이러한 과정에서 만난 스승님들과 도반님들은 평생 나의 후원자가 될 것이라고 믿는다.

마지막으로 무엇보다도 소중한 사람들을 만날 수 있었다. 지금 이 책 또한 함께 코칭과 NLP를 공부한 분들과의 협업이다. 각자의 직업이 다르고 나이가 다르고 추구하는 방향이 다르지만 우리는 NLP와 COACH라는 공통점을 가지고 있다. 그리고 끊임없이 서로에게 긍정에너지를 전달한다.

이렇게 새로 개발한 자원을 통해 나는 자존감, 자신감을 되찾을 수 있었고 새로운 기회에 인연이 닿아서 새로운 직장인 S&P Global Korea로 이직하게 되었다.

과업 완수(Completing the Task)

사실 S&P Global 이직을 결정한 비슷한 시기에 Dupont Korea에서 내가 담당하던 고객이었던 L사에서 새로운 커리어를 시작할 기회가 동시에 있었다. L사에서 맡게 될 업무도 마음에 들었고 무엇보다 국내 대기업이지만 새로운 변화의 과정에 있는 상황에서 무언가 내가 기여할 수 있는 부분이 있을 거라 생각했다. 두 가지 선택 상황에서 즐거운 고민을 하다가 현재 직장인 S&P Global로 결정하게 되었다. 무엇보다도 20년 넘게 외국계 회사에 다녔던 점이 최종 의사결정에 가장 큰 영향을 준 것 같다. 그리고 현재 L사는 나의 중요하고 소중한 고객이 되었다.

2020년 2월, 이직과 함께 찾아온 코로나는 2년여간의 재택근무로 이어졌고 비대면으로 영업활동 및 매니저 역할을 시작하게 되었다. 이게 도대체 무슨 일인가 하는 생각이 들었지만 내가 할 수 있는 부분에 집중하였고 조직 내에서 조금씩 나의 평판을 만들어나갈 수 있었다. 이러한 과정에서 가장 큰 도움을 받은 것은 코칭과 NLP, 그리고 항상 든든하게 의지할 수 있는 COACH 분들이었다. 그리고 어려운 환경에서 함께 노력한 동료와 우리를 믿어준 고객 덕분에 코로나 속에서도 조용히 자리를 잡을 수 있었다.

무엇보다 의미가 있었던 것은 회사 동료들의 투표에 의한 2021 APAC Commercial MVP 수상이었다. 마치 예전에 내가 팀원의 성과에 대한 스토리를 만들어서 Pinnacle Award 수상을 한 것처럼 한 번도 직접 만난 적이 없는 수많은 아시아팀 동료들의 지원과 지지로 전혀 생각하지도 못한 상을 받게 되었다. 이렇게 새로운 도전에서의 시즌 1을 마치게 되었고 이제 새로운 합병을 통한 시즌 2를 앞두고 있다.

고향으로 귀환하기(Returning Home)

시즌 1 과업을 완수하고 시즌 2를 앞두고 있기에 아직 고향으로 귀환하지 않았다고 생각한다. 앞으로 몇 차례 시즌을 거치면 언젠가는 고향으로 귀환할 시점이 올 것이다. 여기까지 지난 22년의 커리어를 나만의 영웅의 여정으로 정리해보았다. 이제 새로운 여정을 떠날 시간이다. 새로운 소명을 듣고 전념하여 경계를 넘어가면 또 다른 도전이 기다리고 있을 것이다.

나는 이번에도 후견인의 도움과 새로운 자원을 개발하여 도전을 극복하고 과업을 완수한 이후에 고향으로 귀환할 것임을 알고 있다. 왜냐하면 그렇게 될 것으로 이미 정해져 있기 때문이다. 그리고 어느 순간 나는 COACH로서의 새로운 영웅의 여정을 걷고 있을 것이다. 어쩌면 지금 이 순간 이미 걷고 있을지도 모른다. 그래서 나의 영웅의 여정은 스승님 말씀처럼 END가 아닌 AND이다.

14장

주수연

나의 *NLP*와 코칭

내가 NLP라는 단어를 처음 듣게 된 건 2020년 어느 무렵이다. 심도 있는 코칭을 배울 수 있다고 해서 아주대학교 경영대학원에 진학했고, 어수선하고 혼란했던 코로나 학번으로 학교생활보다는 온 · 오프라인을 병행하는 시스템에 적응해가며 한껏 코칭 공부에 집중하고 있던 시기였다.

학교에 입학하기 전까지만 해도 NLP에 대한 지식은 하나도 없었지만, 코칭을 먼저 배운 선배들이 완전 추천하는 교과목 중 하나 정도로만 인지하고 있었다. 그만큼 경영대학원 내에 인기 과목이라 수강 신청도 쉽지 않아 수강 신청일에 흡사 인기 아이돌 콘서트 티케팅을 방불케 하듯 시간을 카운트하며 수강 신청한 과목이었다. '대체 NLP가 무엇이길래 너도나도 좋다고 하는 거지?' 호기심 가득한 마음으로 수강 신청을 하며 교과목 설명과 수업계획서를 꼼꼼하게 읽어봤지만, 서면으로 된 과목 안내만으로는 이해의 한계가 있었고, 그저 '코칭 기법의 하나구나!' 정도로 받아들이며 첫 수업의 기대감을 높였다.

2021년 3월, 개강일이 되고 NLP 프랙티셔너의 첫 수업은 온라인으로 진행되었다. 수업에 참여한 분들은 이미 지난 학기 코칭 수업을 함께 들었던 분들이 많아 좋은 코치님들과 함께하는 시간이 또 이어진다는 것이 반가웠고, 이분들과 또 울고 웃으며 재밌게 수업에 참여할 수 있겠다 싶었다.

무엇보다 처음 만나 뵌 교수님의 반짝이면서도 강렬한 눈빛과 깊은 동굴 속에 있는 것 같은 묵직하고 울림 있는 목소리가 인상적이었다. NLP 수업에 참여한 여러 원우들을 환영해주셨고, 차분히 NLP에 대한 소개가 이어졌다.

아! 학업계획서의 NLP에 대한 기록은 정말 일부에 불과했다. 온라인이었지만 모두를 한곳으로 모이게 하는 교수님의 말씀에 점점 빠져들어 가는 기분이 들었다.

드디어 NLP 여정의 시작이구나! 오전부터 오후까지 쉼 없이 이어지는 수업을 통해 NLP를 실제로 처음 접하게 된 나는 한가지 결심을 했다. 2021년 '진짜 나를 발견하고, 진정으로 나를 알아가는 시간'을 보내보자!

학창시절에는 책상 앞에서 공부만 하는 게 지겹고 빨리 어른이 되고 싶었는데 그토록 바라던 어른이 되어 직장을 다니고 일을 하면서 보니 책상에 앉아 있던 시간이 가장 안전하고 여러 꿈꿀 수 있는 시기였다는 것을 새삼 느꼈다. (아마 나와 만나 수업을 하고 있는 내 학생들은 지금은 전혀 공감하지 못하겠지만…)

교육회사에서 근무하다 보니 수많은 교육들 속에서 자기성장 배움에 대한 욕구는 늘 커져갔고, 무언가 말로 표현할 수 없는 성장

욕구와 학생들의 교과서, 수능 특강을 벗어난 지식의 갈증, 더불어 어떻게 더 나은 사람이 될까, 흔히 말하는 성공한 사람은 어떻게 되는가 하는 등의 자기계발에 관심이 커져갔다. 그러다 대학을 졸업한 지 10년이 훌쩍 넘어 경영대학원에 입학하게 되었다.

회사 업무와 학업을 병행하기란 쉽지 않다지만, 정말 쉽지 않은 과정이었다. 국제코치과정을 공부했던 2020년에도 그랬지만 지금 돌이켜보면 내가 가장 벅차고 양에 눌렸던 시간은 2021년 NLP를 공부했던 상반기였다. NLP에 관한 내용이 많기도 했지만 아마 그날그날의 배움을 통해 삶에 적용하고 내가 느꼈던 성찰의 시간을 보내야 하는 일주일이 무겁게 느껴졌다.

첫 수업 이후 '진짜 나를 찾아가는 시간'으로 이 시간을 활용하리라 다짐했으니 더 무겁게 느껴졌을 수밖에…. 부담을 느낀다는 것은 그만큼 이 내용을 잘 배워 내게 잘 적용하고 싶은 마음이 큰 것임을 알아차리고 배움에 임했다.

NLP는 그동안 내가 접하지 못했던 혹은 접했지만 NLP라 생각지도 못했던 신기한 내용들이 많았다. 고객과 코칭을 하며 NLP에서 활용하는 여러 기법들은 마치 상대를 꿰뚫어보는 프로파일러가 된 것 같은 기분을 느끼게도 했다. 코칭을 진행하며 고객을 꿰뚫어본다는 표현은 어색함이 있지만, 그만큼 고객에게 집중하며 고객의 현 상태가 어떤지 코치가 직관적으로 알아차릴 수 있는 부분이다. 여러 기법 중에서도 내가 요즘도 많이 활용하고 있는 것은 베이글 모델(BAGLE MODEL)[1]이다.

코로나로 인해 비대면 상황이 강화되면서 코칭도 대면보다는 비대면을 통해 이루어지는 경우가 종종 있다. 대면을 통해 진행하는 경우 어떤 테마에 대해 이야기하며 고객이 감정의 변화가 일어날 때, 코치는 더욱 세밀히 고객 얼굴에 나타나는 미세한 눈 떨림, 눈시울이 붉어지는 등 표정의 변화, 피부색의 변화 등을 감지하기 쉽다. 비대면을 통한 온라인 코칭 환경에서도 이러한 고객의 변화를 자세히 알아차릴 수 있을까 싶은데, 온라인 상황에서도 내가 경험하고 알아차릴 수 있는 것은 고객의 안구 움직임과 위치, 목소리의 떨림 등을 오프라인에서의 고객과의 거리보다 더욱 가깝게 확인할 수 있는 것이었다.

나의 주 코칭 고객은 10~20대 청소년과 대학생, 그리고 그들의 부모들이다. 특히 요즘에는 대학 학부생들과 대학을 졸업했지만 아직 진로를 고민하는 청년들을 자주 만나 이야기를 나누고 있다. 청소년들의 주된 고민과 목표는 학교 성적을 올리는 것 또는 대학교

◇◇◇◇◇◇

1 BAGLE MODEL은 로버트 딜츠가 타인의 내면 프로세스를 알아차리기 위해 NLP에서 주로 사용하는 주요행동 단서를 쉽게 식별하는 기준으로 명명한 것이다.
Body posture : 몸의 자세, Accessing cues : 접근단서, Gestures : 몸짓, Language patterns : 언어 패턴, Eye movements : 안구 움직임

진학을 위해 노력해야 할 부분 등의 주제이다.

중학생들은 크든 작든 성취 경험을 쌓아가는 시기이기 때문에 학생들의 기대보다 결과가 미치지 못하는 부분이 생기더라도 지금 현재의 모습보다 앞으로 더 달라질 1년, 3년, 5년 뒤의 미래의 구체적인 모습을 그리며, 이번에 부족한 점이 무엇이었는지 또 각자의 장점을 어떻게 활용해볼 수 있을지 등의 이야기를 나누며 Cheer up 을 하면 코칭을 진행한 다음 날의 태도나 노력의 변화가 눈에 띄게 달라져 있다.

고등학생의 상황도 비슷하지만, 이전 학년들보다 학업의 양과 부담을 더 많이 가지고 있는 시기이기 때문에 개인의 학업 목표가 잘 달성되지 않았을 때 초 · 중등학생들보다 좌절감을 배로 느끼는 것 같다. 약 10년간 학생들과 1:1로 수업을 진행하다 보니 학생들이 각자 처해 있는 환경이 다름을 느끼지만, 이 시기에는 어렸을 때부터 경험한 작은 성취, 성공이 좌절을 재도전으로 전환하는 회복탄력성에 지대한 영향을 미친다.

반대로 학업 목표가 기대 이하 수준에 머물거나 친구들과의 관계가 원만하게 이루어지지 않은 상황에 머무르면 아이들은 교과목을 하나둘 이상 포기하기도 하고, 심지어 학교생활에서도 '자발적 아웃사이더'가 되거나 어느 날 갑자기 학교를 자퇴하겠다는 선언으로 이어지기도 한다. 물론 다른 이유와 목표를 가지고 이런 결정을 하는 학생들도 다수 있지만, 어렸을때 부터 학생들이 경험한 크고 작은 성공들은 앞으로도 세상을 살아가는 밑바탕이 될 때가 있다.

중학교 2학년 여름 무렵에 만나 올해 8월까지 함께 공부했던 A학생은 현재 대학 진학을 앞두고 있다. A와 함께 보내온 시간들을 되돌아보면 정말 크고 작은 일들이 많았다. 내가 그동안 만났던 학생들 중 가장 활기차게 중학교 시절을 보냈고, 본인이 원하는 목표를 위해 지금까지 최선의 노력을 다하고 있으며, 앞으로도 이 친구가 얼마나 더 성장할지 궁금하고 기대되는 학생이다.

A는 위로 언니가 셋인 가정의 막내딸이다. 큰언니와 막내는 10살 이상의 나이 차이가 나기 때문에 늦둥이인 셈이다. A는 여느 활발한 여중생들처럼 친구들과 노는 것이 가장 좋고 신난다. 자기 자신을 잘 꾸밀 줄도 알아서 밖에서 마주치면 못 알아볼 만큼의 놀라운 메이크업 기술을 가지고 있다. 수업할 때 보면 이 친구가 이런 면이 있나 싶을 정도로 조용하지만, 집이나 학교 밖을 나가면 어마무시하게 친구들에게 인기도 많고 영향력을 발휘하는 핵인싸이다.

언니들을 엄하게 교육해온 부모님들은 진정한 MZ세대인 막내딸이 이해될 리가 없다. 차분히 공부에 집중하기 바라셨지만 A의 넘치는 에너지는 부모님이 두 손, 두 발을 들 만큼 격렬했고 더욱이

고등학교 진학을 앞둔 중3 말 무렵 자퇴를 선언한다. 부모님의 설득 끝에 고등학교에 진학했지만, 코로나로 극심해진 상황에 온·오프라인이 병행되며 학교생활에 적응하기 어려워하던 A는 과감하게 자퇴를 결정한다.

A가 중등-고등의 시기를 지나오며 잠깐의 방황은 있었지만, 지금 생각해보면 그때의 A의 요동치는 감정과 행동은 불투명한 미래를 어떻게 준비하고 살아가야 할지 모르는 혼란스러움의 격정적인 표현이었던 것 같다. 화려했던 방황의 속도를 조금씩 줄여가며, 당시의 나와 A는 앞으로 무엇을 해볼 것인지에 대한 이야기를 많이 나누었는데 그것이 코칭 대화의 시작이었다.

코칭 대화가 잘 진행될 때도 있었지만 감정표현이 명확지 않은 A였기에 A의 상황을 온전히 이해하기 어려운 때가 훨씬 많았다. 당시 A의 감정은 복합적이었던 것 같다. 과감하게 자퇴를 결정했지만 또래 친구들은 학교에 있을 시간에 A는 무언가 해야 할 것들을 찾고 있었고, 이전과 생활패턴이 달라지다 보니 약간의 외로움과 답답함이 공존했을 것이다. 학업을 아예 중단한 상황도 아니었기에 늦지 않은 시기에 곧바로 검정고시를 준비하기로 결정했고, A의 재능을 십분 발휘할 수 있는 뷰티-메이크업 방향으로 진로를 정했다. 부모님의 도움도 컸는데, '대학 진학을 하면 그동안 A가 바라던 예쁜 코를 만들어주겠다!'는 귀여운 약속이 더해졌다.

대학 진학이든, 성형수술이든 그 무엇이든 간에 우선 목표가 정해지니 A의 눈빛이 달라졌다. 뷰티학원을 직접 알아보기 시작했고, 대입 검정고시를 위해 무엇을 해야 할지, 성적은 어느 정도 필요한지 등의 정보를 수집하기 시작했다. 뷰티 분야는 전문학원에 등록해서 기초부터 차근차근 준비하면 될 것이라는 생각을 했지만, 그동안 학업 성적과 나 홀로 거리두기를 했던 학생이었기에 검정고시에서 전 과목 만점을 목표로 공부하기는 부담이 따랐다.

'저는 초등학교 받아쓰기 이후로 만점이라는 걸 받아본 적이 없는 걸요…'라고 입버릇처럼 말했던 친구였다. 그동안 공부를 멀리했지만, 순간 집중력이 좋고 두뇌 회전이 빠른 강점이 있는 친구였기에 검정고시 시험의 과목별 쉬운 문제 유형부터 조금씩 난이도를 올려 설명하고 문제풀이로 확인하는 방법을 반복적으로 활용했다. 작은 성취라도 경험하도록 하고 싶은 마음이 있었고, 무언가를 스스로 해보겠다고 결심한 결정에 '잘하고 있어! 그렇게 하는 거야!'라는 확신을 주고 싶었다.

뷰티학원에서도 A의 실력은 일취월장이었다. 뷰티학원과 검정고시 준비를 겸하고 있으면서도 틈틈이 메이크업 관련 자격증이 하나둘 늘어나기 시작했다. '나는 원래 못해'라는 생각에서 '어? 이것도 해볼 만하잖아?!'라는 생각의 전환이 일어났고 '그럼 이것도 할 수 있겠네!'라는 자기 효능감이 생겼다.

눈도 잘 마주치지 않고 책상에 엎드린 상태로 수업의 반 이상을 보내며 모든 것이 혼란했던 중학생 A는 어느새 초롱초롱 빛나는 눈빛과 함께 경직되어 있던 표정이 자연스러워지면서 안면근육이 부드럽게 움직였고, 목소리도 자신감 가득 채워져 있었다. 더불어 책상 앞에 앉아 있는 시간도 길어져 각 교과목에서 만점을 받는 빈도가 높아졌다.

A가 열심히 노력한 덕분에 검정고시 1등급으로 고등졸업과정을 이수했고, 현재 뷰티학과 대입 원서 접수 후 200:1이라는 경쟁률을 뚫고 몇 개 학교의 입학 통지서를 두고 어느 학교에 갈지 행복한 고민을 하며 3월 입학을 앞두고 있다.

무엇보다 A의 생활에도 많은 변화가 생겼는데, 수능을 앞두고 공부하고 있는 또래 친구들보다 조금 빠르게 아르바이트를 시작하며 사회생활을 익히고 있고, 부지런히 운동도 하며 자기관리의 1인자가 되어가고 있다. 뿐만 아니라 뷰티 실력이 뛰어남을 인정받아 현재 뷰티 강사과정을 이수하고 몇몇 초중고 학교로 출강하며 뷰티 강사로서 역할도 준비하고 있다고 한다.

A의 근황을 전해 듣고 한창 나와 수업을 하고 있을 때 상황이 문득 떠올랐다. '저도 나중에 대학원 가볼래요'라는 이야기를 했던 기억이 난다. 여느 때와 다름없이 문제풀이를 하다가 무심하게 툭 던

진 A의 한마디였지만 그때 A의 그 한마디가 감동적으로 느껴졌던 순간이 있었다.

'아! A가 이제 점점 꿈을 크게 키워가는구나!' A는 시간이 좀 걸리더라도 스스로 한 말에 대해서는 어떻게든 지켜내는 아이였기에 '그래, 너라면 충분히 할 수 있어!'라는 응원을 건넸던 것이 얼마 지나지 않았는데, 혼란했던 청소년기를 지나 이제는 누가 시키지 않아도 스스로 확신을 가지고 미래에 대한 준비를 차곡차곡 하고 있다. A의 꽃길을 응원하며, 진심으로 지지한다.

앞선 사례는 12년 동안 대학 입시를 목표로 두고 학업에만 집중하는 학생들과는 조금 다른 케이스이지만 작은 성공의 경험부터 차근차근 단계를 이뤄가는 A의 모습은 아마 지금보다 원하는 모습으로 자신의 미래목표를 위해 노력하고 달성해갈 수 있을 것이라 확신한다.

작은 성취를 이뤄가는 A의 사례로 청소년기 학생들이 주로 겪는 모습을 대표해서 제시했지만, 이미 이 시기를 지나온 대학생이나 성인들의 코칭 대화 시 타임라인[2]을 걸으며 그들의 성취, 성공 내용

◇◇◇◇◇◇

2 타임라인(Time-line, 시간선) : 상담과, 코칭 분야에서 널리 사용되고 있는 시간선이란 개념은 '메타 프로그램(meta program)' 기법과 함께 1979년 NLP 전문가들에 의해 처음으로 개발된 개념이다. 시간선은 어떤 사건을 '시간 안'에서 경험한다는 의미로 마음속에서 펼쳐지는 사건을 그 시간 안으로 개입하여 자신의 눈, 귀 그리고 몸을 통해 직접 보고 듣고 느끼는 것을 말한다.

을 재확인한다. 이 역시, 미래를 위한 목표달성과 자기확신이 필요하기 때문이다.

편입, 취업, 회사 업무 혹은 개인의 목표 달성을 위해 추진력을 얻고자 할 때 이전의 경험들을 이야기하며 코치와 함께 과거의 '나', 과거의 '내 주변인' 현재의 '나', 미래의 '나'의 모습, 미래에 함께 있는 '주변인' 등의 관점으로 나의 모습을 탐색해간다.

고객의 과거 성취 경험을 나누며 자신감을 회복하고 현재 상황을 점검하며 미래 목표를 달성하고자 할 상태로 충분히 예열되었다면, 고객과 로지컬 레벨에 따라 고객과 심도 있게 코칭 대화를 나눈다.

- 현재 고객의 상태/상황은 어떤지? (환경)
- 어떤 행동들을 하고 있는지? (행동)
- 목표를 이루기 위해 필요한 능력은 무엇인지? (능력)
- 그것을 달성해야 하는 것은 어떠한 가치와 신념이 있는지?
  왜 해야 하는지? (가치)
- 그래서 당신은 어떤 사람인지? (정체성)

대화를 충분히 나눴다면, 고객의 목표와 그에 따른 실천력을 높이기 위해(코칭 환경과 공간이 충분히 확보되어 있다는 전제하에) 고객이 각

로지컬 레벨 단계[3]에 올라서도록 한다. 더불어 각 단계에서 고객이 표현할 수 있는 방법으로 느낌과 에너지를 몸으로 표현해본다.

NLP에서 접목한 로지컬 레벨을 단순히 코칭 대화로 마무리되지 않고 Somatic Learning[4]의 실천을 목적으로 고객이 각 단계에서 충분히 자신의 상황을 알아차리고, 언급한 내용에 대한 에너지를 느끼도록 할 수 있는데 이는 스스로에게 앵커링[5] 효과를 줄 수 있다.

코칭을 마치고 일상으로 돌아간 고객이 자신이 표현했던 그때의 동작과 느낌을 떠올리며 조금 더 실천력을 높일 수 있다. 물론 로지컬 레벨의 각 단계에서 고객이 그 에너지와 의지를 몸으로 표현하

◇◇◇◇◇◇

3 출처 : Quantum Awakening School

4 Somatic Learning : 우리 몸의 다양한 생리작용을 인지하며 학습하는 것
5 앵커링 : NLP에서 어떤 환경적 또는 정신적 방아쇠와 개입된 내적 반응의 과정(『변화와 성장을 위한 NLP의 원리 1』 참고)

는 것은 어색하고 불편하게 느낄 수 있다. 그러나 불안하고 서툴지만 어릴 때 배웠던 자전거 타는 방법을 시간이 지나 어른이 되어서도 자연스레 몸이 기억하고 있는 것처럼 고객도 이 과정을 경험하며 단계별로 표현하는 것들이 생각보다 오랫동안 기억에 남아 자신의 목표에 가까이 갈 수 있도록 노력해야 한다.

NLP 프랙티셔너 과정을 배울 때는 '로지컬 레벨'이라는 단계가 있구나 하는 정도로만 이해를 했는데, 마스터 과정에 참여해보니 로지컬 레벨의 각 단계를 어떻게 실천할 수 있고, 실행력을 높일 수 있을지 방법을 알게 되었다.

간단히 글로 표현한 내용보다 각 과정을 거치는 단계들은 어느 정도 시간이 걸린다. 이 과정에 충분히 몰입하기 위해 코치는 고객의 이야기를 정말 집중해서 잘 듣는 경청 능력이 필요하다. 고객 역시 자신의 목표와 꿈을 실현하고자 하는 굳건한 의지와 실천력이 따라야 할 것이다.

작년 NLP 프랙티셔너 과정부터 시작해 올여름 마스터 과정까지 참여하고 나니 결국 이 모든 과정을 매끄럽게 리딩하기 위해서는 코치의 수많은 실습과 훈련이 중요하다고 생각되었다. 뿐만 아니라 코치의 마음공부도 필요했다.

NLP에서 제시하는 이론과 방법은 정말 무궁무진하다. 그렇기에 많은 연습과 실습을 통해 코치는 자신에게 잘 맞는 방법을 취하며 코칭과 접목해야 한다.

NLP를 공부했던 코치님들과 대화를 나눠보면 거의 다수가 NLP를 접하기 이전과 이후의 삶의 모습에 많은 변화가 있다고 한다. 아마 코칭도 NLP도 여러 기법들과 이론들이 있지만 결국 자기 마음을 돌보는 것을 우선으로 하기 때문인가 싶다.

주변에 대한 관심보다 '나' 잘난 맛에 살았던 내가 삶을 좀 더 겸손하게 생각할 계기를 마련해준 것이 NLP이기도 하기에…. '나는 내가 제일 잘 알지!'라고 생각하며 지냈던 지난날들을 되돌아보니 세상을 향해 세운 나만의 기준과 벽이 끝없이 높았고, 주어진 환경을 너무 당연히 여기며 살았다. 코칭과 NLP를 배우면서 나는 내가 어떤 사람이고 어떻게 살아가고 싶은지 제대로 알지 못한 채 지내왔음을 깨달았고, 여전히 진짜 나의 모습을 찾아가고 있는 중이다.

나를 알아가는 과정이 불편하게 여겨질 때도 있고, 거부하고 싶을 때도 있지만, 이 역시 내 모습이기에 직면하고 수용하고자 한다. 지금보다 더 행복하게 잘 살아가기 위해 설레는 마음으로 미래를 맞이할 준비를 하고 있다. 앞으로도 나는, 나를 먼저 가다듬으며 나의 코칭 고객들의 변화와 성장을 함께하는 존재가 되고 싶다.

NLP는 전제가 존재한다. 이 글을 읽는 여러분도 의아해하며 'NLP 전제가 뭐야?'라는 생각이 들겠지만, NLP를 삶에 적용하는 영역에서의 조작적 정의라 이해하면 좋겠다. 수많은 전제가 존재하지만 내용을 집약해 보면 약 50여 가지 정도가 있다.

> · 사람의 모든 행동은 내적인 변화에 대한 정보이다.
> · 문제가 있다는 것은 기회를 가지는 것이다.
> · 제한을 느끼는 것은 가능성을 알려주는 것이다.
> · 모른다는 것은 정보를 얻는 금광이다.
> · 인간의 행동은 그때 상황에 맞춰 배워진 것이다.

이 밖에도 수많은 전제가 있지만, 이외의 전제들은 따로 정리하기로 한다.

올해 여름, NLP 마스터 과정에 참여하면서 매일 아침 오늘도 잘 살고 싶은 나를 위해 NLP 전제 중 하나를 꺼내 보고 그에 맞는 마음가짐으로 하루를 보내기로 마음먹었다. 마치 행운권 뽑기를 하듯 몇 주를 전제와 함께 지내보니 희한하게 일주일 동안 뽑았던 전제의 내용이 모두 다르고 그 속에서 또 배움을 얻는다. 찾아보지 않아도 평소 내가 자주 생각하고 되뇌는 전제들도 있지만, 마음에 잘 새기지 못했던 혹은 조금 생소한 전제를 선택하게 되면 잠시 잊고 있었던 내용들을 공부할 수 있기 때문이다. 또한, 전제가 전달하는 메시지대로 하루를 시작했다면, 밤에는 그 결심대로 하루를 보냈는지 점검하며 성찰의 시간을 가질 수 있어 좋았다.

여러 NLP 전제 중 내가 자주 되뇌는 것 하나는, '실패는 피드백'이다. 실패라는 단어가 왜인지 어감도 그리 유쾌하지 않다. 그 누구도 실패를 즐기진 않을 것이다. 만약 무언가를 위해 최선을 다했지만 원하는 결과를 얻지 못하고 '실패'를 마주해야 했다면 속상한 마음이 들지만 분명 그 안에는 부족한 점이 있다.

인생 최고의 좌절이라 생각하며 재수를 결정한 고3 시절의 나를 떠올려보면 공부가 완벽하지 않다는 것을 알면서도 '이 정도면 됐지!' 하는 안일한 생각 때문에 친구들은 즐거워하던 졸업식 날 눈물을 머금고 재수학원으로 향할 수밖에 없었던 때가 있었다.

인고의 시간을 지나 대학만 들어가면 인생의 모든 산을 넘었을 거라 생각했는데 어느덧 취업을 준비하며 세상 밖으로 나와보니 더욱 높은 산 넘어 산이 기다리고 있었고 내가 바라는 성공(?)의 모습보다는 자잘한 실패와 좌절의 연속이었다.

그래도 내가 가진 강점 중 하나는 버티는 힘이다. 두각을 보이지 않지만 나는 미련해 보일 수도 있을 만큼 될 때까지 해보는 끈기가 있었다. 물론 다음을 도전하기 위해서는 이전과 달리할 방법을 찾아가며 적용해야 한다. 한 번에 알아차리고 달성하면 참 좋을 텐데 하는 생각이 들 때가 많았지만, 목표한 것에 대한 좌절이 생길지라도 실패는 피드백임을 알아차리고 그대로 포기할 것이 아니라면 다음 과정을 위해 차분히 재도전하면 된다.

한때 아주대 경영대학원 코치님들 사이에서는 프리다이빙 붐이 일었다. 나는 지금까지 수영장 가본 것을 손으로 꼽자면 다섯 손가락 안으로 횟수를 셀 수 있을 정도로 물과 가깝지 않았고 물을 무서워한다. 그래도 코치님들과 함께해보면 재미있을 것 같아 프리다이빙을 한 번 경험해보았다. 수영을 제대로 배워본 적이 없으니 호흡법이 중요한 프리다이빙이 잘 될 리가 없었다. 한 번의 경험으로 아쉬워만 하다가 올여름 제대로 수영을 배워보고자 호기롭게 새벽 수영을 시작했다. 잘하고 못하는 것보다 우선 수영을 배우기로 결심하고 결석 없이 아침 수업에 참여하고 있는 나 자신을 한껏 칭찬하며 발차기에 집중했다.

어느 정도 발차기가 익숙해지고 팔 돌리기를 몇 번 한 뒤, 드디어 도움판을 잡지 않고 자유형 팔 돌리기를 배우는 단계가 되었는데, 강사님의 시범과 달리 몸 따로 마음 따로이다. 나는 수영 왕초보였기에 처음부터 큰 욕심을 갖지 않고 물에 떠서 발차기만 잘할 수 있는 상태만으로도 좋겠다 싶었다. 그러나 점점 물과 가까이하는 시간이 길어지면서 조금씩 잘하고 싶은 욕심이 들기 시작했다.

이때부터 수영장 가는 날이 재미있기보다 팔 돌리기가 잘되지 않아 '또 물만 잔뜩 먹으면 어떡하지?' 하는 걱정이 앞서기 시작한다. 게다가 팔 돌리기에만 집중을 하다 보니 발차기는 힘이 빠지고 자꾸 물속으로 가라앉기만 반복했다. 역시 수영은 가까이하기엔 멀구나 싶은 생각이 들었고, 즐기려고 시작했는데 점점 거리두기 하고 싶은 운동이 되어버릴 때였다. 우연히 중년 여성 두 분의 이야기가 귓가에 스친다. 두 분은 꽤 오랫동안 수영을 다니셨던 것 같은데 한 아주머니도 수영이 잘되지 않으셨는지 나처럼 한껏 속이 상하셨나 보다.

아주머니 A : 아휴~ 잘하고 싶은데 왜 이렇게 안 되는 거야! 속상해 정말!
아주머니 B : 뭘 그렇게 속상해하고 그래. 원래 다 그래! 하다 보면 잘되는 건 몇 번이고, 잘 안 되는 게 더 많은 거야~ 매번 잘되는 것도 좀 이상하지 않아?!

이들의 짧은 대화를 듣고, 한참 동안 멍하니 거울 속 나를 바라봤다. 그래 맞다. 배우려고 온 건데, 때마다 잘되면 열심히 연습하려고 하지도 않고, 매번 수영장을 오려고 하려고 하지도 않을 것이다. '실패는 피드백이다'라는 전제를 제일 강력하게 활용하려고 하면서도 꾸준히 노력하려는 마음은 온데간데없고 그저 잘하려고만 생각했던 그간의 나의 모든 모습들이 스쳐 지났다.

이날 수영장에서의 깨달음을 얻고 집으로 돌아와 가장 먼저 NLP 전제들을 다시 한번 정독했던 기억이 난다. 모든 일에는 정성과 노력이 필요한데 결과를 바로 얻으려고 욕심을 부렸던 내가 부끄러웠다. 그날 내가 느낀 부끄러움은 비단 수영장에서의 작은 상황뿐만이 아니다. 그동안 나는 스스로 만족할 만한 성과. 그 몇 번에 빠져서 목표한 결과가 뜻대로 잘되지 않을 때 나를 많이 질책하고 스스로를 가장 비난했다. 그러고 보니 다른 누구보다 나 자신에게 많이 야박했구나 싶었다.

잠시 동안 성찰의 시간을 갖고, 내가 원하는 모습으로 갖춰가기 전까지는 '실패는 피드백'임을 늘 생각하고 스스로를 비난하지도 타박하지도 않기로 다시 한번 결심했다. 나는 이미 온전하며, 이미 완벽하게 기능하고 있다는 NLP의 또 다른 전체처럼, 내가 나를 먼저 지지하고, 내가 하는 모든 것들을 의미 있게 생각하며 결과가 어떻든 과정 속의 나를 응원하기로 했다. 한두 번 하고 그만할 것이 아니라면 꾸준한 노력이 합쳐져서 어차피 될 일은 될 테니까!

실패는 피드백이다.
나는 이미 온전하며, 사람은 이미 완벽하게 기능하고 있다.

> Perhaps somewhere, someplace deep inside your being,
> you have undergone important changes while you were sad.
>
> – Rainer Maria Rilke
>
> 아마도 어딘가에, 당신의 존재 깊은 곳 어딘가에,
> 당신은 중요한 변화를 겪었을 것이다. 당신이 슬픔을 겪는 동안에
>
> – 라이너 마리아 릴케

NLP를 접하고 작년 한 해 동안 내 삶의 키워드는 '직면'이었다. 1년 전, 2021년은 내 인생에서 가장 뜨겁고도 시렸던 여름을 보냈다. 삶에서 겪게 되는 모든 일은 늘 좋은 일 혹은 나쁜 일이라고 단정지을 수 없다. 좋은 일이었다면 충분히 기쁨을 누리면 될 것이고 나쁜 일이었다면 더 겸손하게 살아가라는 의미였을 테니까.

시간이 지나고 나면 그 일이 일어날 수밖에 없었던 이유를 알게 되며 더 가치 있게 느껴지는 순간이 있다. 더불어 자기 객관화된 삶을 살다보면 내게 닥쳐온 일들이 너무 슬프지도 무겁지도 느껴지지 않을 것이다. 정말 될 일, 겪어야 할 일이라면 담대하게 'Just do it!'

결과도 중요하지만 과정도 중요함을 간절히 느낀다. 오늘 나의 하루하루가 쌓여 세상에 빛을 발하기를 그리고 세상에 선하고 건강한 영향력을 발휘하기를….

나는 2013년부터 교육회사에서 근무하고 있었다. 누가 시킨 것은 아니지만, 근무 시간은 주 7일, 이동을 포함한 평균 매일의 수업은 거의 10시간이었다. 토요일, 일요일은 더 부지런했다. 이런 생활을 하고 보니 집에 있는 시간보다 밖에 있는 시간이 더 많았고, 가끔 집에서 무언가를 하지 않고 가만히 쉬는 것은 불편하게 느꼈다. 심지어 주변에 펜이나 노트가 가까이 없으면 불안하기도 했는데 일부러 더 바쁘게 바쁘게 시간에 쫓기듯이 살았던 것 같다. 많이 움직일수록 능력 있는 커리어우먼이 된 것 같은 막연한 생각으로….

지난 시간 동안 나는 나를 돌보지 못했고 결국 작년 여름, 건강에 이상 신호가 왔다는 것을 알았다. 유독 피로감이 많이 들었다. 그래도 워낙 기초체력이 튼튼한 나였고, 건강은 자신했기에 이쯤이야 늘 있던 것이라며 대수롭지 않게 여기며 여느 때와 다름없이 일도 하고, MBA 공부도 하고, 외부 교육강의도 수강하며 열정을 불태웠다. 체크해야 했던 정기검진도 미뤄가며 모든 스케줄을 거뜬히 소화해냈다. 역시 무리가 되는 일정이었다.

그래도 한창 NLP 프랙티셔너 수업을 듣고 있었던 시기였기에 종강과 동시에 그동안 나를 챙기지 못한 것을 약간 반성하며 바로 병원을 찾았다. 검진 때마다 부인과 부위에 물혹이 있다는 건 이미 알고 있었지만 사이즈가 크지 않아 지켜보자는 선생님 말씀에 방심했는데 이제는 제거해야 하는 상황이 되어버렸고, 이미 이 정도는 결심했기에 바로 예약을 하고 바로 수술을 진행했다.

처음에는 물혹만 제거하면 되는 수술인 줄 알고 대수롭지 않게 생각했는데 일주일 뒤 다시 병원을 찾아 선생님께 들은 조직검사 결과는 참담했다. 그동안 나를 챙기지 못했던 미련함이 여과 없이 드러나는 순간이었다. 경계성 종양이 발견되었다고 한다. 아직 살면서 경험하지 못한 일들이 많지만, 이 분야는 정말 생소하다. 처음 이 이야기를 들었을 때 머리부터 발끝까지 온몸이 경직되면서 아무것도 할 수 없는 상태가 된 그때가 아직도 어제 일처럼 생생하다.

믿을 수 없었고, 믿고 싶지도 않았다. 왜? 나처럼 체력이 좋은 사람이? 아무런 증상도 없었는데? 검사가 잘못된 것이 아닌가? 하며 받아들일 수 없어 뜬눈으로 밤을 보냈다. 이게 현실이라면 내가 지금 뭘 할 수 있을까 하는 생각을 거듭했지만 내 의지대로 할 수 있는 것이 없는 것 같아 정말 눈앞이 캄캄했다.

오만가지 감정이 소용돌이쳤지만, '직면'이라는 단어가 머릿속을 맴돌았다. 그래, 우선 내가 할 수 있는 것은 오직 이 상황을 직면하고, 내 몸에 있는 불편한 세포 덩어리를 떼어내는 것이 첫 번째였다. 다음 날 다시 병원을 찾아 의사 선생님과 충분히 이야기를 나눴고, 그래도 불행 중 다행으로 조기 발견하게 된 것을 감사하게 생각하며, 제거를 위한 재수술을 진행하기로 결정했다.

내 계획에 없던 두 번째 수술이었지만, 선생님의 권유로 바로 진행했고 수술 후 항암 주사도 담담하게 받아들이기로 했다. 나를 더 잘 돌보기 위해 지난 하반기는 코로나 PCR 검사를 몇 번이나 거듭하며 입·퇴원을 하며 6번의 항암 주사를 완료했다. 이런 상황이 억울하고도 무서웠지만 수술은 별것 아니었다. 그래도 항암 주사라는 화학품과의 싸움은 좀 힘겨웠다. 주삿바늘이면 기절하는 내가 이 과정을 6번이나 해야 한다니 처음엔 나를 돌보지 못한 벌이 참 가혹하게 느껴졌다. 마음 아파하는 부모님께도 죄송했고 갑작스런 이 모든 상황이 날벼락 같았다. 슬펐고, 현실에서 도망치고 싶었다.

첫 항암을 시작했던 지난 8월은 그렇게 뜨겁고도 가슴 시린 시기였다. 병원 치료를 받기 위해 입원을 할 때마다 자주 보게 되는 몇몇 어른들도 계셨는데, 젊은 사람이 병원에 와 있다고 안타까워하시며 본인들의 아픔보다 나를 더 걱정해주시는 마음에 감사했고, 이분들을 보며 삶을 더 겸손하게 살아야겠다는 생각이 들었다.

슬프고 고된 시간이었지만 그래서 그 어느 때보다 주변의 감사함을 많이 느낀 시기이기도 하다. 갑작스레 맞이하게 된 상황이 당황스러웠지만 좌절하기보다는 더 굳건하게 나를 지키고 버텨내기 위해 휴학 없이 학교 수업을 이어서 진행했고, 내 상황을 이해해준 감사한 학부모님들 덕분에 치료과정에 적응하면서 조금씩 일도 겸할 수 있었다.

치료받는 동안 아무것도 하지 않고 잘 쉬어볼까 싶었지만, 가만히 있는 걸 못 견디는 나는 학교 수업도, 일도 조금씩 해나갔다. 돌이켜보니 매우 잘한 선택이었다. 1년이 지난 지금보다 그때 더 열심히 공부했고, 코칭도 많이 했으며, 학생들과 만나는 수업시간도 매시간을 소중히 생각하며 함께 하는 시간을 더 보람되게 보낼 수 있었다. 일단 결정하면 빠르게 진행해야 하는 내 추진력 덕분(?)이었는지 항암치료도 12월 종강과 함께 잘 마무리할 수 있었다.

무엇보다 큰 부작용 없이 무탈하게 치료를 마칠 수 있어서 감사했고, 걱정을 한시름 덜었다. 어느덧 시간이 훌쩍 지나 요즘은 병원을 3개월마다 다니며 주기적으로 내 상태를 체크하고 있다. 내 담당 의사 선생님은 될 수 있으면 본인을 보지 않는 것이 좋다고 하셨지만 아직은 세심한 관찰이 필요하기에 정기적으로 선생님을 만나고 있다.

주치의 선생님이 있다는 건 한편으로 든든하기도 하지만, 평소에는 괜찮다가도 병원 검진할 시기가 되면 여느 환자가 그렇듯이 의사 선생님의 입만 바라보며 '괜찮네요! 좋아요, 3개월 뒤에 볼까요?'라는 말씀을 듣기까지 내 몸과 심장이 뜨거워지고 미세하게 떨리는 그 긴장감은 말로 표현할 수 없다. 더 이상 큰일은 없겠지 싶지만, 아직도 의연해지지 않는 걸 보면 내가 쫄보는 쫄보인가 보다.

NLP 공부를 시작한 내가 이제서야 나를 잘 알고 싶고, 직면하고 싶었기에 낱낱이 내 모습을 마주하게 되었다. 1년 전에도 나를 알기를 꺼리고 회피했다면 지금 아니 2, 3년 뒤에 나는 없을지도 몰랐겠지만 이제라도 나는 나를 먼저 관찰하고, 내 마음의 소리에 귀 기울이고 있으며, 조금이라도 세상에 선한 영향력을 미칠 수 있는 사람이 되기 위해 매일 1cm 마음과 의식이 성장하는 삶을 살기를 결심하고 있다.

계절의 변화도 둔감했던 나였는데, 근래에는 자연의 변화도 느끼며 나를 더 들여다보는 시간, 내 건강을 알뜰히 챙기는 시간, 하고 싶은 것들을 맘껏 하기 위해 오늘도 나는 나를 0순위로 생각하며 하루를 보낸다. '정신적 건강 = 육체적 건강'임을 잊지 않고 나는 오늘도 성장 마인드 셋을 장착한다!

나의 열정은 따뜻한 카리스마로 세상에 선한 영향력을 미칠 수 있는 사람이 되는 것이다!

[Macro Mindset]
나의 항해는, 변화와 성장을 함께하는 존재가 되는 것이다.
나의 망원경은, 멘토코칭을 통해 목표를 점검하고 달성하는 것이다.
나의 망대는, 묵상과 마음돌봄을 통해 나에게 집중하는 것이다.
나의 해먹은, 꾸준한 운동으로 건강을 유지하는 것이다.
나의 조타키는, 목표를 가시화하고 성공한 사람처럼 행동하는 것이다.

행복을 묻는 그대에게…

"행복은 우리가 만나는 사람에 의해 결정된다."

예전의 나는, 나이가 든다는 것을 부정적으로 인식하곤 했습니다. 지금의 나는, 순간순간 마주하는 경험들, 사람들, 나를 단련시켜주는 아픔들까지도 사람을 더욱 지혜롭게 성장시켜줄 것이라는 믿음을 갖게 되었습니다. 만나는 모든 인연이 소중하고, 그로부터 커다란 배움이 일어나며 내가 가진 소명이 무엇인지 사유하게 되었습니다.

2020년 따뜻한 봄과 함께 시작된 우리의 소중한 인연은 시간이 무르익을수록 더욱 순수하면서도 다채로운 모습으로 변화되어 가는 듯합니다. 코칭과 NLP로 처음 만나 수많은 코칭 대화를 통해 울고 웃던 시간들을 함께 보냈습니다. 이미 다 큰 어른인 줄 알았던 우리는 다시 한번 새로운 환경을 창조하며 변화와 성장을 위한 배움의 노력을 지속하고 있습니다. 지금도 우리의 이야기를 담은 두 번째 책을 통해 더욱 큰 그릇으로 빚어지는 여정을 함께하는 중입니다.

옛 성현의 말씀에 이런 비유가 있습니다. 목수가 대패 자루를 가지고 일을 하면서 대패 자루에 생긴 손가락 자국을 보고 '오늘은 나의 대패 자루가 이만큼 닳았고 어제는 이만큼 닳았고, 그전에는 이만큼 닳았다'라고 알지 못한다고 하였습니다. 그러나 시간이 많이 지나서 보면 대패 자루의 손가락 부분이 푹 들어가 있는 것을 알 수 있다고 하였습니다.

우리 공부도 마찬가지인 것 같습니다. 몇 년 동안 꾸준히 함께하면서도 언제 우리가 얼마큼 성장했는지 알 수 없었는데, 『어쩌다 코칭』이라는 책을 내면서 그리고 이번에 『우리의 삶은 어쩌면 NLP』라는 책을 내면서 우리 모두는 자신의 성장을 확인할 수 있었습니다. 앞으로의 여정도 코치님들과 함께 공부하고 수행하고 성장할 수 있기를 소망해봅니다. 우리 마음의 대패 자루 손잡이가 얼마나 더 움푹 패일지 기대됩니다. 그때까지 서로 응원하고 지지하고 함께하기를 온 마음을 다해 기도합니다.

오늘도 우리 모두에게 아래와 같이 질문을 던져봅니다.

"나는 지금 어떤 삶의 여정을 가고 있는가?"
"나는 지금 누구의 삶을 살고 있는가?"
"가장 나다운 모습은 어떤 모습인가?"

어쩌다 시작한 우리의 이야기가
The End가 아닌,
여전히 The And이기를….

우리의 삶은 어쩌면 NLP

초판 1쇄 발행 2023년 05월 18일

지은이 오영미, 이유정, 이현수, 최해정, 백상현, 김수빈, 한대경,
　　　　김윤석, 최하나, 이상현, 주종옥, 정재원, 박형근, 주수연
펴낸이 류태연

편집 렛츠북 편집팀 | **표지디자인** 김민지

펴낸곳 렛츠북
주소 서울시 마포구 양화로11길 42, 3층(서교동)
등록 2015년 05월 15일 제2018-000065호
전화 070-4786-4823 | **팩스** 070-7610-2823
이메일 letsbook2@naver.com | **홈페이지** http://www.letsbook21.co.kr
블로그 https://blog.naver.com/letsbook2 | **인스타그램** @letsbook2

ISBN 979-11-6054-633-0　03190